Bucătăria Chineză
Arome și Tradiții în Farfuriile Tale

Elena Popescu

Conţinut

Friptură de porc picant 9
chiflă de porc aburită 10
carne de porc cu varza 12
Carne de porc cu varza si rosii 14
Carne de porc marinata cu varza 15
Carne de porc cu telina 17
Carne de porc cu castane si ciuperci 18
cotlet de porc 19
Chow Mein de porc 21
Chow Mein de porc prăjit 23
carne de porc cu chutney 24
Carne de porc cu castraveţi 25
împachetări crocante de porc 26
rulou de ou de porc 27
Carne de porc şi creveţi 28
Carne de porc fiartă cu ouă 29
porc de foc 30
muschi de porc prajit 31
Carne de porc cu cinci condimente 32
Carne de porc fiartă aromată 33
Carne de porc cu usturoi tocat marunt 34
Carne de porc friptă cu ghimbir 35
Carne de porc cu fasole verde 36
Carne de porc cu sunca si tofu 37
Frigarui de porc la frig 39
Colasă de porc înăbuşită în sos roşu 40
carne de porc marinată 42
Cotlet de porc marinat 43
Carne de porc cu ciuperci 44
friptură aburită 45
Carne de porc rosu fiarta cu ciuperci 46

Clatita de porc cu aluat	47
Clătite cu carne de porc și creveți	48
Carne de porc cu sos de stridii	49
carne de porc cu alune	50
Ardei de porc	52
Carne de porc picant cu murături	53
Carne de porc cu sos de prune	54
Creveți de porc	55
carne de porc rosie fiarta	56
Carne de porc in sos rosu	57
Carne de porc cu taitei de orez	59
chiftele delicioase de porc	61
Cotlet de porc la gratar	62
carne de porc marinată	63
Cotlete de porc alunecoase	66
Carne de porc cu spanac și morcovi	67
carne de porc la aburi	68
porc rotisat	69
Carne de porc cu cartofi dulci	70
Porc dulce acrișor	71
carne de porc sarata	73
Carne de porc cu tofu	74
porc rotisat	75
carne de porc fiertă de două ori	76
Carne de porc cu legume	77
Carne de porc cu nuca	79
wontonuri de porc	80
Carne de porc cu castane de apa	81
Carne de porc și creveți	82
chiftele aburite	83
Coaste de porc cu sos de fasole neagra	85
coaste la grătar	87
Coaste de arțar prăjite	88
coaste de porc fripte	89
Coaste cu praz	90
Coaste cu ciuperci	92

Coaste cu portocale 93
Coaste de ananas 95
Creveți crocanți 97
Coaste în vin de orez... 98
Coaste cu seminte de susan 99
Coaste dulci și fragede 101
coaste fripte.. 103
Coaste cu roșii cherry 104
Carne de porc la gratar 106
Carne de porc rece cu muștar... 107
Carne de porc prăjită chinezească 108
Carne de porc cu spanac 109
bile de porc prajite... 110
Carne de porc și creveți 111
Carne tocată de porc înăbușită 113
Carne de porc prajita cu carne de crab.................................. 114
Carne de porc cu muguri de fasole.. 115
Piure simplu de pui.. 117
Pui in sos de rosii... 119
Pui cu rosii cherry 120
Pui poșat cu roșii cherry.. 121
Pui si rosii cu sos de fasole neagra 122
Pui rapid cu legume 123
pui cu nuci... 124
Pui cu nuci 125
Pui cu castane de apa 126
Pui sarat cu castane de apa... 127
wonton de pui... 129
aripioare de pui crocante... 130
Aripioare de pui cu cinci condimente 131
Aripioare de pui marinate... 132
Aripioare de pui adevărate 134
Aripioare de pui condimentate... 136
pulpe de pui la gratar 137
Pulpe de pui Hoisin.. 138
pui fiert... 139

pui prajit crocant *140*
Pui întreg prăjit *142*
Pui cu cinci condimente *143*
Pui cu ghimbir si arpagic *145*
pui poşat *146*
Pui fiert roşu *147*
Pui picant fiert roşu *148*
pui prajit cu susan *149*
Pui în sos de soia *150*
pui la aburi *151*
Pui la abur cu anason *152*
pui cu gust ciudat *153*
Bucăţi crocante de pui *154*
Pui cu fasole verde *155*
Pui fiert cu ananas *156*
Pui cu ardei si rosii *157*
susan de pui *158*
cocoş fript *159*
Turcia cu Mangetout *160*
Boia de curcan *162*
Curcan la grătar chinezesc *164*
Curcan cu nuci si ciuperci *165*
Raţă cu muguri de bambus *166*
Raţă cu muguri de fasole *167*
friptură de raţă *168*
Raţă înăbuşită cu ţelină *169*
Raţă de ghimbir *170*
Raţă cu fasole verde *172*
raţă friptă la abur *174*
Raţă cu fructe exotice *175*
Raţă la abur cu frunze chinezeşti *177*
raţă beată *178*
cinci raţe asezonate *180*
Friptură de raţă cu ghimbir *181*
Raţă cu şuncă şi praz *182*
raţă friptă cu miere *183*

rață friptă umedă 184
Friptură de rață cu ciuperci 186
Rață cu două ciuperci 188
Rață cu ceapă prăjită.. 189
Rață în sos de portocale... 191
Prăjiți rața întreagă cu portocală 192
Rață cu pere și castane 193
Rață la Peking.. 194
Rață înăbușită cu ananas... 197
Friptură de rață cu ananas 198
Ananas, ghimbir și ananas... 200
Rață cu ananas și litchi.. 201
Rață cu porc și castane 202
Rață cu cartofi 203
Rață fiartă roșie... 205
Friptură de rață cu vin de orez 206
Rață înăbușită cu vin de orez.. 207
Rață sărată... 208
Rață sărată cu fasole verde.. 209
Rață fiartă lent 211
soția lui Duck.. 213
rață cu cartofi dulci 214
rață dulce-acrișoară.. 216
rață mandarină 218
Rață cu legume.. 218
Friptură de rață cu legume.. 220
Rață fiartă albă.. 222
rață în vin... 223

Friptură de porc picant

pentru 4 persoane

450 g carne de porc, tăiată cubulețe

sare piper

30 ml/2 linguri de sos de soia

30 ml / 2 linguri sos hoisin

45 ml / 3 linguri ulei de arahide

120 ml / 4 fl oz / ½ cană vin de orez sau sherry uscat

300 ml / ½ pt / 1¼ cani supa de pui

5 ml/1 linguriță de pudră cu cinci condimente

6 ceapa primavara (ceapa), tocata marunt

225 g ciuperci boletus, feliate

15 ml / 1 lingură făină de porumb (amidon de porumb)

Se condimentează carnea cu sare și piper. Se pune pe o farfurie si se amesteca sosul de soia si hoisinul. Se acopera si se lasa la marinat 1 ora. Încinge uleiul și prăjește carnea până se rumenește. Adăugați vin sau sherry, bulion și pudră de 5 condimente, aduceți la fierbere, acoperiți și fierbeți timp de 1 oră. Adaugati ceapa primavara si ciupercile, scoateti capacul si gatiti inca 4 minute. Amestecați amidonul de porumb cu puțină apă, aduceți la fiert și gătiți, amestecând, timp de 3 minute până se îngroașă sosul.

chiflă de porc aburită

12 acum

30 ml / 2 linguri sos hoisin
15 ml/1 lingura sos de stridii
15 ml/1 lingura sos de soia
2,5 ml / ½ linguriță ulei de susan
30 ml / 2 linguri ulei de arahide
10 ml / 2 lingurițe rădăcină de ghimbir rasă
1 cățel de usturoi zdrobit
300 ml / ½ pt / 1¼ cană apă
15 ml / 1 lingură făină de porumb (amidon de porumb)
225g/8oz carne de porc fiartă, tocată mărunt
4 ceapa primavara (ceapa), tocata marunt
350 g / 12 oz / 3 căni de făină universală
15 ml/1 lingură praf de copt
2,5 ml / ½ linguriță de sare
50 g / 2 oz / ½ cană untură
5 ml/1 lingurita de otet
Patrate din hartie cerata 12 x 13 cm

Se amestecă hoisinul, sosul de stridii și soia și uleiul de susan. Încinge uleiul și prăjește ghimbirul și usturoiul până capătă puțină culoare. Se adauga amestecul de sos si se caleste 2 minute. Se amestecă 120 ml/½ cană de apă cu făina de porumb și se amestecă în tigaie. Se aduce la fierbere, se amestecă și se fierbe până când amestecul se îngroașă. Se adauga carnea de porc si ceapa si se lasa sa se raceasca.

Se amestecă făina, praful de copt și sarea. Frecați grăsimea până când obțineți un amestec fin ca pesmet. Se amestecă restul de oțet și apa, apoi se amestecă făina pentru a obține un aluat tare. Se framanta usor pe o suprafata infainata, se acopera si se lasa sa se odihneasca 20 de minute.

Scoateți aluatul, apoi împărțiți-l în 12 și modelați fiecare câte o bilă. Întindeți cercuri de 6/15 cm pe o suprafață cu făină. Așezați o lingură de umplutură în centrul fiecărui cerc, ungeți marginile cu apă și prindeți marginile împreună pentru a sigila umplutura. Ungeți o parte a fiecărui pătrat de hârtie de copt cu ulei. Așezați fiecare sandviș pe un pătrat de hârtie, cu cusătura în jos. Puneți chiflele într-un singur strat pe un grătar peste apa clocotită. Acoperiți și gătiți chiflele la abur timp de aproximativ 20 de minute până când sunt fragede.

carne de porc cu varza

pentru 4 persoane

6 ciuperci chinezești uscate
30 ml / 2 linguri ulei de arahide
450 g / 1 lb carne de porc, tăiată fâșii
2 cepe tocate marunt
2 ardei rosii taiati fasii
350 g de varză albă, tocată
2 catei de usturoi tocati
2 felii de ghimbir, tocate
30 ml / 2 linguri de miere
45 ml / 3 linguri de sos de soia
120 ml / 4 fl oz / ½ cană vin alb uscat
sare piper
10 ml / 2 lingurițe de făină de porumb (amidon de porumb)
15 ml/1 lingura de apa

Înmuiați ciupercile în apă caldă timp de 30 de minute, apoi filtrați. Aruncați tulpinile și tăiați vârfurile. Încinge uleiul și prăjește carnea de porc până se rumenește ușor. Adăugați legumele, usturoiul și ghimbirul și prăjiți timp de 1 minut. Adăugați mierea, sosul de soia și vinul, aduceți la fiert, acoperiți și fierbeți timp de 40 de minute până când carnea este fragedă. Adăugați sare și piper. Se amestecă făina de porumb și apa și se amestecă în tigaie. Se aduce la fierbere amestecând continuu și se fierbe timp de 1 minut.

Carne de porc cu varza si rosii

pentru 4 persoane

30 ml / 2 linguri ulei de arahide

450g/1lb carne de porc slabă, feliată

sare si piper proaspat macinat

1 cățel de usturoi zdrobit

1 ceapa tocata marunt

½ varză albă, tocată

450 g roșii decojite și tăiate în sferturi

250 ml / 8 fl oz / 1 cană bulion

30 ml / 2 linguri făină de porumb (amidon de porumb)

15 ml/1 lingura sos de soia

60 ml / 4 linguri de apă

Se încălzește uleiul și se prăjește carnea de porc, sare, piper, usturoi și ceapa până se colorează ușor. Se adauga varza, rosiile si bulionul, se aduce la fierbere, se acopera si se fierbe 10 minute pana cand varza este frageda. Amestecați făina de porumb, soia și apa până devine o pastă, amestecați-o în tigaie și gătiți, amestecând, până când sosul se limpezește și se îngroașă.

Carne de porc marinata cu varza

pentru 4 persoane

Bacon 350 g / 12 oz

2 cepe primare (ceapa), tocate marunt

1 felie de ghimbir, tocata fin

1 baton de scortisoara

3 felii de anason stelat

45 ml / 3 linguri de zahăr brun

600 ml / 1 pt / 2½ căni de apă

15 ml/1 lingură ulei de arahide

15 ml/1 lingura sos de soia

5 ml / 1 lingurita pasta de rosii (paste)

5 ml/1 lingurita sos de stridii

100 g / 4 oz Inimi Bok Choy

100g/4oz pak choi

Tăiați carnea de porc în bucăți de 10/4 cm și puneți-o într-un bol. Adauga ceapa primavara, ghimbir, scortisoara, anason stelat, zahar si apa si lasa sa stea 40 de minute. Se incinge uleiul, se scoate carnea de porc din marinata si se adauga in tigaie. Se prăjește până se rumenește, apoi se adaugă soia, pasta de roșii și sosul de stridii. Se aduce la fierbere și se fierbe aproximativ 30 de minute până când carnea de porc este fragedă și lichidul s-a redus, adăugând puțină apă pe măsură ce se gătește dacă este necesar.

Între timp, fierbeți inimioarele de varză și pak choi în apă clocotită până când se înmoaie timp de aproximativ 10 minute. Se pune pe o farfurie incalzita, se pune carnea de porc pe ea si se toarna peste ea sosul.

Carne de porc cu telina

pentru 4 persoane

45 ml / 3 linguri ulei de arahide
1 cățel de usturoi zdrobit
1 ceapă primăvară (ceapă), tocată mărunt
1 felie de ghimbir, tocata fin
225g/8oz carne de porc slabă, feliată
100 g de țelină, feliată subțire
45 ml / 3 linguri de sos de soia
15 ml/1 lingura de vin de orez sau sherry uscat
5 ml / 1 lingurita faina de porumb (amidon de porumb)

Încinge uleiul și prăjește usturoiul, ceapa primăvară și ghimbirul până încep să se coloreze. Adăugați carnea de porc și gătiți timp de 10 minute până se rumenește. Adăugați țelina și prăjiți timp de 3 minute. Adăugați celelalte ingrediente și prăjiți timp de 3 minute.

Carne de porc cu castane si ciuperci

pentru 4 persoane

4 ciuperci chinezești uscate

100 g / 4 oz / 1 cană castane

30 ml / 2 linguri ulei de arahide

2,5 ml / ½ linguriță de sare

450g/1lb carne de porc slabă, tăiată cubulețe

15 ml/1 lingura sos de soia

375 ml / 13 fl oz / 1½ cani supa de pui

100 g castane de apă, feliate

Înmuiați ciupercile în apă caldă timp de 30 de minute, apoi filtrați. Aruncați tulpinile și tăiați vârfurile în jumătate. Fierbeți castanele în apă clocotită timp de 1 minut, apoi scurgeți-le. Se încălzește uleiul și sarea, apoi se prăjește carnea de porc până se rumenește. Adăugați sosul de soia și prăjiți timp de 1 minut. Adăugați bulionul și aduceți la fiert. Adăugați castanele și castanele de apă, aduceți din nou la fiert, acoperiți și fierbeți aproximativ 1 1/2 ore până când carnea este fragedă.

cotlet de porc

pentru 4 persoane

100 g muguri de bambus, tăiați în fâșii
100 g castane de apă, feliate subțiri
60 ml / 4 linguri ulei de arahide
3 ceapa primavara (ceapa), tocata marunt
2 catei de usturoi, tocati
1 felie de ghimbir, tocata fin
225g/8oz carne de porc slabă, feliată
45 ml / 3 linguri de sos de soia
15 ml/1 lingura de vin de orez sau sherry uscat
5 ml/1 lingurita de sare
5 ml/1 lingurita de zahar
piper proaspăt măcinat
15 ml / 1 lingură făină de porumb (amidon de porumb)

Se albesc lastarii de bambus, iar castanele se pun la inmuiat in apa clocotita timp de 2 minute, se filtreaza si apoi se usuca. Se încălzește 45 ml/3 linguri de ulei și se prăjește ceapa primăvară, usturoiul și ghimbirul până când palidează. Adăugați carnea de porc și prăjiți timp de 4 minute. Scoateți din tigaie.

Încinge uleiul rămas și prăjește legumele timp de 3 minute. Adaugă carnea de porc, soia, vinul sau sherry, sare, zahărul și un praf de piper și se călesc timp de 4 minute. Amestecați făina de porumb cu puțină apă, amestecați-o în tigaie și gătiți, amestecând, până când sosul se limpezește și se îngroașă.

Chow Mein de porc

pentru 4 persoane

4 ciuperci chinezești uscate
30 ml / 2 linguri ulei de arahide
2,5 ml / ½ linguriță de sare
4 ceapa primavara (ceapa), tocata marunt
225g/8oz carne de porc slabă, feliată
15 ml/1 lingura sos de soia
5 ml/1 lingurita de zahar
3 tulpini de telina, tocate
1 ceapă, feliată
100 g de ciuperci tăiate în jumătate
120 ml / 4 fl oz / ½ cană bulion de pui
Paste prajite

Înmuiați ciupercile în apă caldă timp de 30 de minute, apoi filtrați. Aruncați tulpinile și tăiați vârfurile. Se incinge uleiul si sarea si se caleste ceapa primavara pana se inmoaie. Adăugați carnea de porc și prăjiți până se rumenește ușor. Se amestecă sosul de soia, zahărul, țelina, ceapa și ciupercile proaspete și uscate și se călesc timp de aproximativ 4 minute, până când ingredientele sunt bine combinate. Adăugați bulionul și fierbeți timp de 3 minute. Adăugați jumătate din aluat în tigaie și amestecați ușor, apoi adăugați restul de aluat și amestecați până se încălzește.

Chow Mein de porc prăjit

pentru 4 persoane

100 g / 4 oz muguri de fasole
45 ml / 3 linguri ulei de arahide
100 g / 4 oz bok choy, tocat
225g/8oz friptură de porc, feliată
5 ml/1 lingurita de sare
15 ml/1 lingura de vin de orez sau sherry uscat

Se albesc mugurii de fasole în apă clocotită timp de 4 minute, apoi se strecoară. Se incinge uleiul si se prajesc mugurii de fasole si varza pana se inmoaie. Se adaugă carnea de porc, sarea și sherry și se călesc până se încălzește. Adaugati jumatate din aluat prajit in tava si amestecati usor pana se incalzeste. Adăugați aluatul rămas și amestecați până se încălzește.

carne de porc cu chutney

pentru 4 persoane

5 ml/1 linguriță de pudră cu cinci condimente

5 ml/1 lingurita pudra de curry

450 g / 1 lb carne de porc, tăiată fâșii

30 ml / 2 linguri ulei de arahide

6 ceapa primavara (ceapa), taiata fasii

1 tulpină de țelină, tăiată fâșii

100 g / 4 oz muguri de fasole

1 cutie de 200 g de murături chinezești dulci, tăiate cubulețe

45 ml / 3 linguri chutney de mango

30 ml/2 linguri de sos de soia

30 ml / 2 linguri pasta de tomate (paste)

150 ml / ¼ pt / ½ cană generoasă bulion de pui

10 ml / 2 lingurițe de făină de porumb (amidon de porumb)

Frecați bine condimentele în carnea de porc. Încinge uleiul și prăjește carnea timp de 8 minute sau până se înmoaie. Scoateți din tigaie. Adăugați legumele în tigaie și prăjiți timp de 5 minute. Întoarceți carnea de porc în tigaie cu toate celelalte ingrediente, cu excepția porumbului. Se amestecă până este foarte fierbinte. Făina de porumb se amestecă cu puțină apă, se toarnă în tigaie și se fierbe, amestecând, la foc mic până se îngroașă sosul.

Carne de porc cu castraveți

pentru 4 persoane

225g/8oz carne de porc slabă, feliată
30 ml / 2 linguri de făină universală
sare si piper proaspat macinat
60 ml / 4 linguri ulei de arahide
225 g / 8 oz castraveți, decojiți și tăiați felii
30 ml/2 linguri de sos de soia

Amesteca carnea de porc cu faina, asezoneaza cu sare si piper. Se încălzește uleiul și se prăjește carnea de porc timp de aproximativ 5 minute până este gătită. Se adauga castravetele si sosul de soia si se prajesc inca 4 minute. Verificați și ajustați condimentele și serviți cu orez prăjit.

împachetări crocante de porc

pentru 4 persoane

4 ciuperci chinezești uscate
30 ml / 2 linguri ulei de arahide
225 g/8 oz muschi de porc, macinat (macinat)
50 g de creveți, curățați și tăiați
15 ml/1 lingura sos de soia
15 ml / 1 lingură făină de porumb (amidon de porumb)
30 ml / 2 linguri de apă
8 capac role arc
100 g / 4 oz / 1 cană făină de porumb (maizena)
Se prăjește în ulei

Înmuiați ciupercile în apă caldă timp de 30 de minute, apoi filtrați. Aruncați tulpinile și tăiați mărunt vârfurile. Încinge uleiul și prăjește ciupercile, carnea de porc, creveții și soia timp de 2 minute. Amestecați făina de porumb și apa până la o pastă, apoi amestecați-o în masă pentru a face umplutura.

Taiati aluatul fasii, puneti putina umplutura la capatul fiecaruia si formati triunghiuri, ungeti cu putin amestec de faina-apa. Stropiți generos cu amidon de porumb. Încinge uleiul și prăjește triunghiurile până devin crocante și aurii. Scurgeți bine înainte de servire.

rulou de ou de porc

pentru 4 persoane

225g/8oz carne slabă de porc, tocată

1 felie de ghimbir, tocata fin

1 ceapa primavara tocata marunt

15 ml/1 lingura sos de soia

15 ml/1 lingura de apa

12 rulouri cu ouă

1 ou bătut

Se prăjește în ulei

Amestecați carnea de porc, ghimbirul, ceapa, boabele de soia și apa. Așezați puțină umplutură în centrul fiecărei coji și ungeți marginile cu ou bătut. Îndoiți părțile laterale, apoi rulați rulada departe de dvs., sigilați marginile cu ou. Coaceți în cuptorul cu abur timp de 30 de minute până când carnea de porc este fragedă. Încălziți uleiul și prăjiți până devine crocant și auriu în câteva minute.

Carne de porc și creveți

pentru 4 persoane

30 ml / 2 linguri ulei de arahide

225g/8oz carne slabă de porc, tocată

6 ceapa primavara (ceapa), tocata marunt

225 g / 8 oz muguri de fasole

100 g de creveți decojiți, tăiați în bucăți mici

15 ml/1 lingura sos de soia

2,5 ml / ½ linguriță de sare

12 rulouri cu ouă

1 ou bătut

Se prăjește în ulei

Încinge uleiul și prăjește carnea de porc și ceapa primăvară până capătă puțină culoare. Între timp, înmuiați mugurii de fasole în apă clocotită timp de 2 minute, apoi strecurați. Puneți mugurii de fasole în tigaie și prăjiți timp de 1 minut. Se adauga crevetii, sosul de soia si sarea si se calesc timp de 2 minute. Lasă-l să se răcească.

Așezați puțină umplutură în centrul fiecărei coji și ungeți marginea cu oul bătut. Îndoiți părțile laterale, apoi rulați rulourile în ou, sigilând marginile cu ou. Încinge uleiul și prăjește rulourile până devin crocante și aurii.

Carne de porc fiartă cu ouă

pentru 4 persoane
450 g / 1 lb de carne slabă de porc
30 ml / 2 linguri ulei de arahide
1 ceapa tocata marunt
90 ml / 6 linguri de sos de soia
45 ml / 3 linguri vin de orez sau sherry uscat
15 ml/1 lingură de zahăr brun
3 oua fierte tari (fierte tari)

Se fierbe o oala cu apa, se adauga carnea de porc, se fierbe din nou si se fierbe pana se ingroasa. Scoateți din tigaie, scurgeți bine, apoi tăiați cubulețe. Se incinge uleiul si se caleste ceapa pana se inmoaie. Adăugați carnea de porc și prăjiți până se rumenește ușor. Adăugați sosul de soia, vinul sau sherry și zahărul, acoperiți și fierbeți timp de 30 de minute, amestecând din când în când. Răzuiți cu grijă exteriorul ouălor, apoi puneți-le în tigaie, acoperiți și gătiți încă 30 de minute.

porc de foc

pentru 4 persoane
450 g / 1 kg muschie de porc, taiata fasii
30 ml/2 linguri de sos de soia
30 ml / 2 linguri sos hoisin
5 ml/1 linguriță de pudră cu cinci condimente
15 ml/1 lingura de piper
15 ml/1 lingură de zahăr brun
15 ml/1 lingura ulei de susan
30 ml / 2 linguri ulei de arahide
6 ceapa primavara (ceapa), tocata marunt
1 ardei verde taiat bucati
200 g / 7 oz muguri de fasole
2 felii de ananas, taiate cubulete
45 ml / 3 linguri sos de rosii (ketchup)
150 ml / ¼ pt / ½ cană generoasă bulion de pui

Pune carnea într-un bol. Amestecați sosul de soia, sosul hoisin, pudra cu cinci condimente, piperul și zahărul, turnați peste carne și marinați timp de 1 oră. Încinge uleiul și prăjește carnea până se rumenește. Scoateți din tigaie. Se adauga legumele si se prajesc 2 minute. Adăugați ananasul, sosul de roșii și bulionul și aduceți la fiert. Întoarceți carnea în tigaie și reîncălziți înainte de servire.

muschi de porc prajit

pentru 4 persoane

350g/12oz muschi de porc, taiat cubulete
15 ml/1 lingura de vin de orez sau sherry uscat
15 ml/1 lingura sos de soia
5 ml/1 lingurita ulei de susan
30 ml / 2 linguri făină de porumb (amidon de porumb)
Se prăjește în ulei

Amestecați carnea de porc, vinul sau sherry, sosul de soia, uleiul de susan și făina de porumb pentru a forma un aluat gros. Încinge uleiul și prăjește carnea de porc până devine crocantă în aproximativ 3 minute. Scoateți carnea de porc din tigaie, reîncălziți uleiul și gătiți din nou aproximativ 3 minute.

Carne de porc cu cinci condimente

pentru 4 persoane

Carne slabă de porc 225g/8oz
5 ml / 1 lingurita faina de porumb (amidon de porumb)
2,5 ml / 1/2 linguriță pudră cu cinci condimente
2,5 ml / ½ linguriță de sare
15 ml/1 lingura de vin de orez sau sherry uscat
20 ml / 2 linguri ulei de arahide
120 ml / 4 fl oz / ½ cană bulion de pui

Tăiați carnea de porc în felii subțiri împotriva bobului. Se amestecă carnea de porc cu smântână, cinci condimente, sare și vin sau sherry și se amestecă bine pentru a acoperi carnea de porc. Se lasa sa stea 30 de minute, amestecand din cand in cand. Se încălzește uleiul, se adaugă carnea de porc și se prăjește aproximativ 3 minute. Adăugați supa, aduceți la fierbere, acoperiți și fierbeți timp de 3 minute. Serviți imediat.

Carne de porc fiartă aromată

Servit de la 6 la 8

Coaja de 1 mandarina
45 ml / 3 linguri ulei de arahide
900 g/2 lb carne de porc slabă, tăiată cubulețe
250 ml / 8 fl oz / 1 cană vin de orez sau sherry uscat
120 ml / 4 fl oz / ½ cană sos de soia
2,5 ml / ½ linguriță de praf de anason
½ baton de scortisoara
4 dinti
5 ml/1 lingurita de sare
250 ml / 8 fl oz / 1 cană apă
2 cepe primare (ceapa), taiate felii
1 felie de ghimbir, tocata fin

Înmuiați coaja de mandarine în apă în timp ce pregătiți vasul. Încinge uleiul și prăjește carnea de porc până se rumenește ușor. Adăugați vin sau sherry, soia, anason, scorțișoară, cuișoare, sare și apă. Se aduce la fierbere, se adauga coaja de mandarina, ceapa primavara si ghimbirul. Acoperiți și fierbeți timp de aproximativ 1,5 ore până se înmoaie, amestecând din când în când și adăugând puțină apă clocotită dacă este necesar. Scoateți condimentele înainte de servire.

Carne de porc cu usturoi tocat marunt

pentru 4 persoane

450g/1lb burtă de porc, fără piele
3 felii de rădăcină de ghimbir
2 cepe primare (ceapa), tocate marunt
30 ml / 2 linguri de usturoi tocat mărunt
30 ml/2 linguri de sos de soia
5 ml/1 lingurita de sare
15 ml / 1 lingura supa de pui
2,5 ml / ½ linguriță ulei de chili
4 crengute de coriandru

Puneți carnea de porc într-o cratiță cu ghimbir și ceapa primăvară, turnați apă peste ea, aduceți la fiert și gătiți timp de 30 de minute până când se înmoaie. Se scot si se scurge bine, apoi se subtiaza, aprox. Tăiați în felii de 5 cm. Puneți feliile într-o strecurătoare de metal. Fierbeți o oală cu apă, adăugați cotletele de porc și gătiți timp de 3 minute până se încălzesc. Se pune pe o farfurie caldă. Se amestecă usturoiul, sosul de soia, sarea, bulionul și uleiul de chili, apoi se toarnă peste carnea de porc. Se serveste ornat cu coriandru.

Carne de porc friptă cu ghimbir

pentru 4 persoane

Carne slabă de porc 225g/8oz
5 ml / 1 lingurita faina de porumb (amidon de porumb)
30 ml/2 linguri de sos de soia
30 ml / 2 linguri ulei de arahide
1 felie de ghimbir, tocata fin
1 ceapa primavara (ceapa), taiata felii
45 ml / 3 linguri de apă
5 ml/1 lingurita de zahar brun

Tăiați carnea de porc în felii subțiri împotriva bobului. Adăugați mălaiul, apoi stropiți cu sosul de soia și amestecați din nou. Se încălzește uleiul și se prăjește carnea de porc timp de 2 minute până este gătită. Adăugați ghimbirul și ceapa primăvară și prăjiți timp de 1 minut. Se adauga apa si zaharul, se acopera si se fierbe aproximativ 5 minute pana da in clocot.

Carne de porc cu fasole verde

pentru 4 persoane

450 g/1 kg fasole verde, tăiată în bucăți
30 ml / 2 linguri ulei de arahide
2,5 ml / ½ linguriță de sare
1 felie de ghimbir, tocata fin
225 g/8 oz carne de porc slabă, măcinată (măcinată)
120 ml / 4 fl oz / ½ cană bulion de pui
75 ml / 5 linguri de apă
2 oua
15 ml / 1 lingură făină de porumb (amidon de porumb)

Gătiți fasolea aproximativ 2 minute și scurgeți-o. Încinge uleiul și prăjește sarea și ghimbirul pentru câteva secunde. Adăugați carnea de porc și prăjiți până se rumenește ușor. Se adauga fasolea si se prajeste 30 de secunde, acoperita cu ulei. Adăugați supa, aduceți la fierbere, acoperiți și fierbeți timp de 2 minute. Bateți 30 ml / 2 linguri de apă cu ouăle și amestecați în tigaie. Amestecați apa rămasă cu smântâna. Când ouăle încep să se coaguleze, adăugați făina de porumb și gătiți până când amestecul se îngroașă. Serviți imediat.

Carne de porc cu sunca si tofu

pentru 4 persoane

4 ciuperci chinezești uscate
5 ml/1 lingurita ulei de arahide
100 g sunca afumata, feliata
225 g / 8 oz tofu, feliat
225g/8oz carne de porc slabă, feliată
15 ml/1 lingura de vin de orez sau sherry uscat
sare si piper proaspat macinat
1 felie de ghimbir, tocata fin
1 ceapă primăvară (ceapă), tocată mărunt
10 ml / 2 lingurițe de făină de porumb (amidon de porumb)
30 ml / 2 linguri de apă

Înmuiați ciupercile în apă caldă timp de 30 de minute, apoi filtrați. Aruncați tulpinile și tăiați vârfurile în jumătate. Ungeți o foaie de copt termorezistentă cu ulei de arahide. Alternati ciupercile, sunca, tofu si carnea de porc in oala, cu carnea de porc deasupra. Stropiți cu vin sau sherry, sare, piper, ghimbir și ceapă primăvară. Acoperiți și gătiți pe un grătar peste apă clocotită timp de aproximativ 45 de minute, până când sunt fierte. Turnați sosul din bol fără a deranja ingredientele. Adăugați suficientă apă pentru a face 250 ml / 8 fl oz / 1 cană. Combinați făina de porumb și apa și amestecați în sos. Transferați într-un castron și amestecați până când sosul este ușor și se îngroașă. Amestecul de porc se pune pe o farfurie caldă, se toarnă peste el sosul și se servește.

Frigarui de porc la frig

pentru 4 persoane

450 g muschiu de porc, feliat subtire
100 g șuncă fiartă, feliată subțire
6 castane de apă, feliate subțiri
30 ml/2 linguri de sos de soia
30 ml / 2 linguri de otet
15 ml/1 lingură de zahăr brun
15 ml/1 lingura sos de stridii
câteva picături de ulei de chili
45 ml / 3 linguri faina de porumb (amidon de porumb)
30 ml / 2 linguri vin de orez sau sherry uscat
2 oua batute
Se prăjește în ulei

Pe frigarui mici se aseaza alternativ carnea de porc, sunca si castanele de apa. Se amestecă boabele de soia, oțetul, zahărul, sosul de stridii și uleiul de chili. Se toarnă pe frigărui, se acoperă și se lasă la marinat la frigider timp de 3 ore. Amestecați făina de porumb, vinul sau sherry și oul până când obțineți un aluat fin și gros. Întoarceți frigăruile în aluat pentru a le acoperi. Se incinge uleiul si se prajeste frigaruia pana se rumeneste usor.

Colasă de porc înăbușită în sos roșu

pentru 4 persoane

1 cotlet mare de porc

1 L / 1½ punct / 4¼ cani de apă clocotită

5 ml/1 lingurita de sare

120 ml / 4 fl oz / ½ cană oțet

120 ml / 4 fl oz / ½ cană sos de soia

45 ml / 3 linguri de miere

5 ml/1 lingurita de ienupar

5 ml/1 linguriță de anason

5 ml/1 lingurita coriandru

60 ml / 4 linguri ulei de arahide

6 ceapa primavara (ceapa), taiata felii

2 morcovi, feliați subțiri

1 țelină, feliată

45 ml / 3 linguri sos hoisin
30 ml / 2 linguri chutney de mango
75 ml / 5 linguri pasta de tomate (paste)
1 căţel de usturoi zdrobit
60 ml / 4 linguri arpagic tocat

Se fierbe tulpina cu apa, sare, otet, 45 ml/3 linguri de sos de soia, miere si condimente. Adăugaţi legumele, aduceţi la fiert, acoperiţi şi fierbeţi timp de aproximativ 1 1/2 ore până când carnea este fragedă. Scoateţi carnea şi legumele din tigaie, tăiaţi carnea de pe os şi tăiaţi-o cubuleţe. Încinge uleiul şi prăjeşte carnea până se rumeneşte. Adăugaţi legumele şi prăjiţi timp de 5 minute. Adăugaţi sosul de soia rămas, sosul hoisin, chutney, pasta de roşii şi usturoiul. Se aduce la fierbere, se amestecă şi se fierbe timp de 3 minute. Se serveste presarat cu arpagic.

carne de porc marinată

pentru 4 persoane

450 g / 1 lb de carne slabă de porc
1 felie de ghimbir, tocata fin
1 cățel de usturoi zdrobit
90 ml / 6 linguri de sos de soia
15 ml/1 lingura de vin de orez sau sherry uscat
45 ml / 3 linguri ulei de arahide
1 ceapa primavara (ceapa), taiata felii
15 ml/1 lingură de zahăr brun
piper proaspăt măcinat

Se amestecă carnea de porc cu ghimbir, usturoi, 30 ml/2 linguri de sos de soia și vin sau sherry. Lasam sa stea 30 de minute, amestecand din cand in cand, apoi scoatem carnea din marinada. Încinge uleiul și prăjește carnea de porc până se rumenește ușor. Adaugati ceapa, zaharul, sosul de soia ramas si un praf de boia de ardei, acoperiti si fierbeti aproximativ 45 de minute, pana cand carnea de porc este frageda. Tăiați cubulețe carnea de porc și serviți.

Cotlet de porc marinat

pentru 6

6 cotlete de porc
1 felie de ghimbir, tocata fin
1 cățel de usturoi zdrobit
90 ml / 6 linguri de sos de soia
30 ml / 2 linguri vin de orez sau sherry uscat
45 ml / 3 linguri ulei de arahide
2 cepe primare (ceapa), tocate marunt
15 ml/1 lingură de zahăr brun
piper proaspăt măcinat

Tăiați osul din muschiu și carnea cubulețe. Amestecați ghimbirul, usturoiul, 30 ml/2 linguri de sos de soia și vinul sau sherry, turnați peste carnea de porc și marinați timp de 30 de minute, amestecând din când în când. Scoateți carnea din marinadă. Încinge uleiul și prăjește carnea de porc până se rumenește ușor. Adăugați ceapa și prăjiți timp de 1 minut. Amestecați soia rămasă cu zahăr și un praf de piper. Adăugați sosul, aduceți la fierbere, acoperiți și fierbeți timp de aproximativ 30 de minute până când carnea de porc este fragedă.

Carne de porc cu ciuperci

pentru 4 persoane

25 g / 1 oz ciuperci chinezești uscate
30 ml / 2 linguri ulei de arahide
1 catel de usturoi, tocat marunt
225 g carne slabă de porc, feliată
4 ceapa primavara (ceapa), tocata marunt
15 ml/1 lingura sos de soia
15 ml/1 lingura de vin de orez sau sherry uscat
5 ml/1 lingurita ulei de susan

Înmuiați ciupercile în apă caldă timp de 30 de minute, apoi filtrați. Aruncați tulpinile și tăiați vârfurile. Încinge uleiul și prăjește ușor usturoiul. Se adauga carnea de porc si se prajeste pana se rumeneste. Adăugați ceapa primăvară, ciupercile, soia și vinul sau sherry și prăjiți timp de 3 minute. Adăugați uleiul de susan și serviți imediat.

friptură aburită

pentru 4 persoane

450 g / 1 kg carne de porc tocata (tocata)

4 castane de apa, tocate marunt

225 g ciuperci, tocate mărunt

5 ml/1 lingurita sos de soia

sare si piper proaspat macinat

1 ou, batut usor

Amestecați bine toate ingredientele și modelați-le într-un tort plat într-o tavă de copt. Așezați tava pe un grătar într-un cuptor cu abur, acoperiți și gătiți la abur timp de 1 1/2 oră.

Carne de porc rosu fiarta cu ciuperci

pentru 4 persoane

450g/1lb carne de porc slabă, tăiată cubulețe

250 ml / 8 fl oz / 1 cană apă

15 ml/1 lingura sos de soia

15 ml/1 lingura de vin de orez sau sherry uscat

5 ml/1 lingurita de zahar

5 ml/1 lingurita de sare

Ciuperci 225g / 8oz

Puneti carnea de porc si apa intr-o cratita si aduceti apa la fiert. Se fierbe acoperit timp de 30 de minute, apoi se scurge, acoperind supa. Întoarceți carnea de porc în tigaie și adăugați sosul de soia. Gatiti la foc mic, amestecand, pana se absoarbe soia. Adăugați vin sau sherry, zahăr și sare. Se toarnă bulionul rezervat, se aduce la fierbere, se acoperă și se fierbe timp de aproximativ 30 de minute, întorcând carnea din când în când. Adăugați ciupercile și gătiți încă 20 de minute.

Clatita de porc cu aluat

pentru 4 persoane

30 ml / 2 linguri ulei de arahide

5 ml/2 lingurițe de sare

225g/8oz carne de porc slabă, feliată

225 g / 8 oz bok choy, tocat

100 g muguri de bambus, tocati

100 g de ciuperci, feliate subțiri

150 ml / ¼ pt / ½ cană generoasă bulion de pui

10 ml / 2 lingurițe de făină de porumb (amidon de porumb)

15 ml/1 lingura de vin de orez sau sherry uscat

15 ml/1 lingura de apa

cu aluat de clatite

Încinge uleiul și prăjește sarea și carnea de porc. Adăugați varza, lăstarii de bambus și ciupercile și prajiți timp de 1 minut. Adăugați bulionul, aduceți la fierbere, acoperiți și fierbeți timp de 4 minute până când carnea de porc este gătită. Făina de porumb se amestecă cu vin sau sherry și apă până devine o pastă, se adaugă în tigaie și se fierbe, amestecând, până când sosul se limpezește și se îngroașă. Când serviți, turnați peste aluatul de clătite.

Clătite cu carne de porc și creveți

pentru 4 persoane
30 ml / 2 linguri ulei de arahide
5 ml/1 lingurita de sare
4 ceapa primavara (ceapa), tocata marunt
1 cățel de usturoi zdrobit
225g/8oz carne de porc slabă, feliată
100 g ciuperci, feliate
4 bețișoare de țelină, feliate
225 g / 8 oz creveți în coajă
30 ml/2 linguri de sos de soia
10 ml / 1 lingură făină de porumb (amidon de porumb)
45 ml / 3 linguri de apă
cu aluat de clatite

Se incinge uleiul si sarea, se caleste ceapa si usturoiul pana se inmoaie. Adăugați carnea de porc și prăjiți până se rumenește ușor. Adăugați ciupercile și țelina și căliți timp de 2 minute. Adăugați creveții, stropiți cu sos de soia și amestecați până se încălzesc. Amestecați făina de porumb și apa până devine o pastă, amestecați-o în tigaie și gătiți amestecând. Când serviți, turnați peste aluatul de clătite.

Carne de porc cu sos de stridii

Face 4-6 portii

450 g / 1 lb de carne slabă de porc
15 ml / 1 lingură făină de porumb (amidon de porumb)
10 ml / 2 lingurițe vin de orez sau sherry uscat
un praf de zahar
45 ml / 3 linguri ulei de arahide
10 ml/2 lingurițe de apă
30 ml / 2 linguri sos de stridii
piper proaspăt măcinat
1 felie de ghimbir, tocata fin
60 ml / 4 linguri supă de pui

Tăiați carnea de porc în felii subțiri împotriva bobului. Amesteca 5 ml/1 lingurita de zara cu vinul sau sherry, zaharul si 5 ml/1 lingurita ulei, adaugam carnea de porc si amestecam bine. Amestecați amidonul de porumb rămas cu apă, sosul de stridii și un praf de piper. Încinge uleiul rămas și prăjește ghimbirul timp de 1 minut. Adăugați carnea de porc și prăjiți până se rumenește ușor. Adăugați amestecul de bulion și apă-sos de stridii, aduceți la fierbere, acoperiți și fierbeți timp de 3 minute.

carne de porc cu alune

pentru 4 persoane

450g/1lb carne de porc slabă, tăiată cubulețe
15 ml / 1 lingură făină de porumb (amidon de porumb)
5 ml/1 lingurita de sare
1 albus de ou
3 ceapa primavara (ceapa), tocata marunt
1 catel de usturoi, tocat marunt
1 felie de ghimbir, tocata fin
45 ml / 3 linguri supă de pui
15 ml/1 lingura de vin de orez sau sherry uscat
15 ml/1 lingura sos de soia
10 ml / 2 lingurițe melasă neagră
45 ml / 3 linguri ulei de arahide

½ castravete, tăiat cubulețe

25 g / 1 oz / ¼ cană alune decojite

5 ml/1 lingurita ulei de chili

Amestecați carnea de porc cu jumătate din amidonul de porumb, sarea și albușurile și amestecați bine pentru a acoperi carnea de porc. Amestecați restul de porumb cu ceai, usturoi, ghimbir, bulion, vin sau sherry, soia și melasă. Se încălzește uleiul și se prăjește carnea de porc până se rumenește ușor, apoi se scoate din tigaie. Adăugați castraveții în tigaie și prăjiți câteva minute. Întoarceți carnea de porc în tigaie și amestecați ușor. Adăugați amestecul de condimente, aduceți la fierbere și gătiți, amestecând, până când sosul este ușor și se îngroașă. Adăugați alunele și uleiul de chili și reîncălziți înainte de servire.

Ardei de porc

pentru 4 persoane

45 ml / 3 linguri ulei de arahide

225 g/8 oz carne slabă de porc tăiată cubulețe

1 ceapa taiata cubulete

2 ardei verzi, taiati cubulete

½ cap frunză chinezească, tăiată cubulețe

1 felie de ghimbir, tocata fin

15 ml/1 lingura sos de soia

15 ml/1 lingura de zahar

2,5 ml / ½ linguriță de sare

Încinge uleiul și prăjește carnea de porc până se rumenește în aproximativ 4 minute. Adăugați ceapa și căliți aproximativ 1 minut. Adăugați boia și prăjiți timp de 1 minut. Adăugați frunzele chinezești și prăjiți timp de 1 minut. Se amestecă celelalte ingrediente, se toarnă în tigaie și se prăjesc încă 2 minute.

Carne de porc picant cu murături

pentru 4 persoane
Cotlet de porc 900 g / 2 lbs
30 ml / 2 linguri făină de porumb (amidon de porumb)
45 ml / 3 linguri de sos de soia
30 ml / 2 linguri sherry dulce
5 ml / 1 linguriță rădăcină de ghimbir rasă
2,5 ml / 1/2 linguriță pudră cu cinci condimente
praf de vin proaspat macinat
Se prăjește în ulei
60 ml / 4 linguri supă de pui
Legume murate chinezești

Tăiați feliile, aruncând toată grăsimea și oasele. Se amestecă făina de porumb, 30 ml/2 linguri de sos de soia, sherry, ghimbir, cinci condimente și piper. Se toarnă peste carnea de porc și se amestecă pentru a se acoperi complet. Acoperiți și marinați timp de 2 ore, întorcându-le din când în când. Încinge uleiul și prăjește carnea de porc până se rumenește și este gătită. Scurgeți pe un prosop de hârtie. Tăiați carnea de porc în felii groase, puneți-le într-un castron cald și păstrați-l la cald. Combinați bulionul și sosul de soia rămas într-o cratiță mică. Se aduce la fierbere și se toarnă peste cotletele de porc. Se servesc ornat cu muraturi amestecate.

Carne de porc cu sos de prune

pentru 4 persoane

450 g carne de porc înăbușită, tăiată cubulețe

2 catei de usturoi, tocati

sare

60 ml / 4 linguri sos de rosii (ketchup)

30 ml/2 linguri de sos de soia

45 ml / 3 linguri de sos de prune

5 ml/1 lingurita pudra de curry

5 ml/1 lingurita boia de ardei

2,5 ml / ½ linguriță piper proaspăt măcinat

45 ml / 3 linguri ulei de arahide

6 ceapa primavara (ceapa), taiata fasii

4 morcovi, tăiați fâșii

Marinați carnea în usturoi, sare, sos de roșii, soia, sos de prune, curry, boia de ardei și piper timp de 30 de minute. Se incinge uleiul si se prajeste carnea pana capata putina culoare. Scoateți din wok. Adăugați legumele în ulei și prăjiți până se înmoaie. Reveniți carnea de vită în tigaie și reîncălziți ușor înainte de servire.

Creveți de porc

Servit de la 6 la 8

900 g / 2 kilograme de carne slabă de porc

30 ml / 2 linguri ulei de arahide

1 ceapa tocata marunt

1 ceapă primăvară (ceapă), tocată mărunt

2 catei de usturoi, tocati

30 ml/2 linguri de sos de soia

50 g de creveți decojiți, tăiați în bucăți mici

(Eu de obicei)

600 ml / 1 pt / 2½ căni apă clocotită

15 ml/1 lingura de zahar

Fierbeți o oală cu apă, adăugați carnea de porc, acoperiți și fierbeți timp de 10 minute. Scoateți din tigaie, scurgeți bine, apoi tăiați cubulețe. Se încălzește uleiul și se prăjește ceapa, ceapa primăvară și usturoiul până se rumenesc. Adăugați carnea de porc și prăjiți până se rumenește ușor. Adăugați sosul de soia și creveții și prăjiți timp de 1 minut. Adăugați apa clocotită și zahărul, acoperiți și fierbeți aproximativ 40 de minute, până când carnea de porc este fragedă.

carne de porc rosie fiarta

pentru 4 persoane

675 g/1½ lb carne de porc slabă, tăiată cubulețe
250 ml / 8 fl oz / 1 cană apă
1 felie de ghimbir, tocata fin
60 ml/4 linguri de sos de soia
15 ml/1 lingura de vin de orez sau sherry uscat
5 ml/1 lingurita de sare
10 ml / 2 linguri de zahăr brun

Puneti carnea de porc si apa intr-o cratita si aduceti apa la fiert. Adăugați ghimbirul, sosul de soia, sherry și sarea, acoperiți și fierbeți timp de 45 de minute. Adăugați zahărul, întoarceți carnea, acoperiți și fierbeți încă 45 de minute până când carnea de porc este fragedă.

Carne de porc in sos rosu

pentru 4 persoane

30 ml / 2 linguri ulei de arahide
225 g rinichi de porc tăiat fâșii
450 g / 1 lb carne de porc, tăiată fâșii
1 ceapa tocata marunt
4 cepe primare (ceapa), taiate fasii
2 morcovi, tăiați fâșii
1 tulpină de țelină, tăiată fâșii

1 ardei rosu taiat fasii
45 ml / 3 linguri de sos de soia
45 ml / 3 linguri de vin alb sec
300 ml / ½ pt / 1¼ cani supa de pui
30 ml/2 linguri de sos de prune
30 ml / 2 linguri de otet
5 ml/1 linguriță de pudră cu cinci condimente
5 ml/1 lingurita de zahar brun
15 ml / 1 lingură făină de porumb (amidon de porumb)
15 ml/1 lingura de apa

Se încălzește uleiul și se prăjesc rinichii timp de 2 minute, apoi se scot din tigaie. Încinge uleiul și prăjește carnea de porc până se rumenește ușor. Adăugați legumele și prăjiți timp de 3 minute. Adăugați sos de soia, vin, bulion, sos de prune, oțet, praf cu cinci condimente și zahăr, aduceți la fierbere, acoperiți și fierbeți timp de 30 de minute până când sunt fierte. Adăugați rinichiul. Se amestecă făina de porumb și apa și se amestecă în tigaie. Se aduce la fierbere și se fierbe, amestecând, până se îngroașă sosul.

Carne de porc cu taitei de orez

pentru 4 persoane

4 ciuperci chinezești uscate

100 g taitei de orez

225g/8oz carne de porc slabă, feliată

15 ml / 1 lingură făină de porumb (amidon de porumb)

15 ml/1 lingura sos de soia

15 ml/1 lingura de vin de orez sau sherry uscat

45 ml / 3 linguri ulei de arahide

2,5 ml / ½ linguriță de sare

1 felie de ghimbir, tocata fin

2 tulpini de telina, tocate

120 ml / 4 fl oz / ½ cană bulion de pui

2 cepe primare (ceapa), taiate felii

Înmuiați ciupercile în apă caldă timp de 30 de minute, apoi filtrați. Aruncați tulpinile și tăiați vârfurile. Tagliatelele se pun la inmuiat in apa fierbinte timp de 30 de minute, se scurg si se taie bucati de 5/2 cm. Aseaza carnea de porc intr-un bol. Amestecați făina de porumb, sosul de soia și vinul sau sherry, turnați peste carnea de porc și amestecați pentru a se îmbrăca. Încinge uleiul și prăjește sarea și ghimbirul pentru câteva secunde. Adăugați carnea de porc și prăjiți până se rumenește ușor. Adăugați ciupercile și țelina și căliți timp de 1 minut. Adăugați supa, aduceți la fierbere, acoperiți și fierbeți timp de 2 minute. Adăugați pastele și încălziți timp de 2 minute. Adăugați arpagicul și serviți imediat.

chiftele delicioase de porc

pentru 4 persoane

450 g / 1 kg carne de porc tocata (tocata)
100 g/4 oz tofu, tocat
4 castane de apa, tocate marunt
sare si piper proaspat macinat

120 ml / 4 fl oz / ½ cană ulei de arahide

1 felie de ghimbir, tocata fin

600 ml / 1 buc / 2½ dl supă de pui

15 ml/1 lingura sos de soia

5 ml/1 lingurita de zahar brun

5 ml / 1 linguriță vin de orez sau sherry uscat

Amestecați carnea de porc, tofu și castanele, apoi adăugați sare și piper. Faceți bile mari. Se încălzește uleiul și se prăjesc chiftelele de porc până se rumenesc pe toate părțile, apoi se scot din tigaie. Scurgeți tot, cu excepția 15 ml/1 lingură de ulei și adăugați ghimbir, bulion, soia, zahăr și vin sau sherry. Puneți chiftelele de porc în tigaie, aduceți la fierbere și fierbeți timp de 20 de minute până sunt fierte.

Cotlet de porc la gratar

pentru 4 persoane

4 cotlete de porc

75 ml / 5 linguri de sos de soia

Se prăjește în ulei

100 g tulpini de telina

3 ceapa primavara (ceapa), tocata marunt

1 felie de ghimbir, tocata fin

15 ml/1 lingura de vin de orez sau sherry uscat

120 ml / 4 fl oz / ½ cană bulion de pui

sare si piper proaspat macinat

5 ml/1 lingurita ulei de susan

Înmuiați cotletele de porc în sosul de soia până când sunt bine acoperite. Se incinge uleiul si se prajesc feliile pana se rumenesc. Scoateți și scurgeți bine. Așezați țelina pe fundul unei tăvi de copt. Se presară cu ceapă primăvară și ghimbir și se aranjează deasupra feliile de porc. Se toarnă peste vin sau sherry și bulion, apoi se condimentează cu sare și piper. Se condimentează cu ulei de susan. Se coace in cuptorul preincalzit la 200°C/400°C/gaz marca 6 timp de 15 minute.

carne de porc marinată

pentru 4 persoane

1 castravete taiat cubulete

sare

450g/1lb carne de porc slabă, tăiată cubulețe

5 ml/1 lingurita de sare

45 ml / 3 linguri de sos de soia

30 ml / 2 linguri vin de orez sau sherry uscat

30 ml / 2 linguri făină de porumb (amidon de porumb)

15 ml/1 lingură de zahăr brun

60 ml / 4 linguri ulei de arahide

1 felie de ghimbir, tocata fin

1 catel de usturoi, tocat marunt

1 ardei iute roșu, fără semințe și tocat

60 ml / 4 linguri supă de pui

Se presară castraveții cu sare și se lasă deoparte. Amestecați carnea de porc, sarea, 15 ml/1 lingură sos de soia, 15 ml/1 lingură vin sau sherry, 15 ml/1 lingură făină de porumb, zahăr brun și 15 ml/1 lingură ulei. Lasam sa stea 30 de minute, apoi scoatem carnea din marinada. Se încălzește uleiul rămas și se prăjește carnea de porc până se rumenește. Adăugați ghimbirul, usturoiul și ardeiul iute și prăjiți timp de 2 minute. Se adauga castravetele si se prajesc 2 minute. Amestecați bulionul și sosul de soia rămas, vinul sau sherry și făina de porumb în marinadă. Adăugați aceasta în tigaie și aduceți la fierbere în timp ce amestecați. Se fierbe, amestecând, până când sosul se limpezește și se îngroașă și se fierbe până când carnea este fragedă.

Cotlete de porc alunecoase

pentru 4 persoane

225g/8oz carne de porc slabă, feliată

2 albusuri

15 ml / 1 lingură făină de porumb (amidon de porumb)

45 ml / 3 linguri ulei de arahide

50 g/2 oz muguri de bambus, feliați

6 ceapa primavara (ceapa), tocata marunt

2,5 ml / ½ linguriță de sare

15 ml/1 lingura de vin de orez sau sherry uscat

150 ml / ¼ pt / ½ cană generoasă bulion de pui

Amestecați carnea de porc cu albușul și amidonul de porumb până se îmbracă bine. Se încălzește uleiul și se prăjește carnea de porc până se rumenește ușor, apoi se scoate din tigaie. Adăugați lăstarii de bambus și ceapa primăvară și prăjiți timp de 2 minute. Întoarceți carnea de porc în tigaie cu sare, vin sau sherry și supa de pui. Aduceți la fiert și gătiți, amestecând, timp de 4 minute, până când carnea de porc este fragedă.

Carne de porc cu spanac și morcovi

pentru 4 persoane

Carne slabă de porc 225g/8oz

2 morcovi, tăiați fâșii

225 g / 8 oz spanac

45 ml / 3 linguri ulei de arahide

1 ceapă primăvară (ceapă), tocată mărunt

15 ml/1 lingura sos de soia

2,5 ml / ½ linguriță de sare

10 ml / 2 lingurițe de făină de porumb (amidon de porumb)

30 ml / 2 linguri de apă

Carnea de porc se taie subtire in comparatie cu boabele, apoi se taie fasii. Fierbeți morcovii aproximativ 3 minute, apoi lăsați-i să se scurgă. Tăiați frunzele de spanac în jumătate. Se incinge uleiul si se caleste ceapa pana devine translucida. Adăugați carnea de porc și prăjiți până se rumenește ușor. Adăugați morcovii și boabele de soia și prăjiți timp de 1 minut. Se adauga sarea si spanacul si se calesc aproximativ 30 de secunde pana incepe sa se inmoaie. Se amestecă făina de porumb și apa până la o pastă, se amestecă cu sosul și se prăjește până este gata și se servește imediat.

carne de porc la aburi

pentru 4 persoane

450g/1lb carne de porc slabă, tăiată cubulețe
120 ml / 4 fl oz / ½ cană sos de soia
120 ml / 4 fl oz / ½ cană vin de orez sau sherry uscat
15 ml/1 lingură de zahăr brun

Se amestecă toate ingredientele și se pun într-un vas termorezistent. Gătiți pe un grătar peste apă clocotită timp de aproximativ 1 1/2 oră până când este fiert.

porc rotisat

pentru 4 persoane

25 g / 1 oz ciuperci chinezești uscate

15 ml/1 lingură ulei de arahide

450g/1lb carne de porc slabă, feliată

1 ardei verde taiat cubulete

15 ml/1 lingura sos de soia

15 ml/1 lingura de vin de orez sau sherry uscat

5 ml/1 lingurita de sare

5 ml/1 lingurita ulei de susan

Înmuiați ciupercile în apă caldă timp de 30 de minute, apoi filtrați. Aruncați tulpinile și tăiați vârfurile. Încinge uleiul și prăjește carnea de porc până se rumenește ușor. Adăugați boia și prăjiți timp de 1 minut. Adăugați ciupercile, soia, vinul sau sherry și sare și fierbeți câteva minute până când carnea este fragedă. Adăugați uleiul de susan înainte de servire.

Carne de porc cu cartofi dulci

pentru 4 persoane

Se prăjește în ulei
2 cartofi dulci mari, feliați
30 ml / 2 linguri ulei de arahide
1 felie de ghimbir, feliată
1 ceapa tocata marunt
450g/1lb carne de porc slabă, tăiată cubulețe
15 ml/1 lingura sos de soia
2,5 ml / ½ linguriță de sare
piper proaspăt măcinat
250 ml / 8 fl oz / 1 cană bulion de pui
30 ml / 2 linguri praf de curry

Încinge uleiul și prăjește cartofii dulci până se rumenesc. Scoateți din tigaie și scurgeți bine. Încinge uleiul de arahide și prăjește ușor ghimbirul și ceapa. Adăugați carnea de porc și prăjiți până se rumenește ușor. Adăugați sosul de soia, sare și un praf de piper, apoi adăugați bulionul și curry, aduceți la fiert și gătiți, amestecând, timp de 1 minut. Adăugați browniesurile, acoperiți și fierbeți timp de 30 de minute până când carnea de porc este fragedă.

Porc dulce acrişor

pentru 4 persoane

450g/1lb carne de porc slabă, tăiată cubuleţe
15 ml/1 lingura de vin de orez sau sherry uscat
15 ml/1 lingură ulei de arahide
5 ml/1 lingurita pudra de curry
1 ou bătut
sare
100 g faina de porumb (maizena)
Se prăjeşte în ulei
1 căţel de usturoi zdrobit
75 g / 3 oz / ½ cană zahăr
50 g / 2 oz sos de rosii (ketchup)
5 ml/1 lingurita de otet
5 ml/1 lingurita ulei de susan

Amestecaţi carnea de porc cu vin sau sherry, ulei, curry, ou şi puţină sare. Adăugaţi aluatul până când carnea de porc este acoperită. Se încălzeşte uleiul, apoi se adaugă de câteva ori cuburile de porc. Se prăjeşte aproximativ 3 minute, se strecoară şi se lasă deoparte. Se încălzeşte uleiul din nou şi se prăjesc din nou cuburile pentru aproximativ 2 minute. Scoateţi și scurgeți. Încălziți usturoiul, zahărul, sosul de roșii și oțetul în timp ce amestecați până când zahărul se dizolvă. Se aduce la fierbere, apoi se adaugă cuburile de porc și se amestecă bine. Se adauga uleiul de susan si se serveste.

carne de porc sarata

pentru 4 persoane

30 ml / 2 linguri ulei de arahide

450g/1lb carne de porc slabă, tăiată cubulețe

3 cepe primare (ceapa), taiate felii

2 catei de usturoi, tocati

1 felie de ghimbir, tocata fin

250 ml / 8 fl oz / 1 cană sos de soia

30 ml / 2 linguri vin de orez sau sherry uscat

30 ml / 2 linguri de zahăr brun

5 ml/1 lingurita de sare

600 ml / 1 pt / 2½ căni de apă

Încinge uleiul și prăjește carnea de porc până se rumenește. Scuturați excesul de ulei, adăugați ceapa primăvară, usturoiul și ghimbirul și fierbeți timp de 2 minute. Adăugați sosul de soia, vinul sau sherry, zahărul și sarea și amestecați bine. Adăugați apa, aduceți la fiert, acoperiți și fierbeți timp de 1 oră.

Carne de porc cu tofu

pentru 4 persoane

450 g / 1 lb de carne slabă de porc
45 ml / 3 linguri ulei de arahide
1 ceapa tocata marunt
1 cățel de usturoi zdrobit
225 g/8 oz tofu, tăiat cubulețe
375 ml / 13 fl oz / 1½ cani supa de pui
15 ml/1 lingură de zahăr brun
60 ml/4 linguri de sos de soia
2,5 ml / ½ linguriță de sare

Puneți carnea de porc într-o tigaie și acoperiți cu apă. Se aduce la fierbere și se fierbe timp de 5 minute. Se scurge si se lasa sa se raceasca, apoi se taie cubulete.

Se incinge uleiul si se caleste ceapa si usturoiul pana isi schimba putin culoarea. Adăugați carnea de porc și prăjiți până se rumenește ușor. Adauga tofu si amesteca usor pana absoarbe uleiul. Adăugați bulionul, zahărul, soia și sarea, aduceți la fiert, acoperiți și fierbeți aproximativ 40 de minute până când carnea de porc este fragedă.

porc rotisat

pentru 4 persoane

225g/8oz muschi de porc, taiat cubulete

1 albus de ou

30 ml / 2 linguri vin de orez sau sherry uscat

sare

225 g faina de porumb (maizena)

Se prăjește în ulei

Amesteca carnea de porc cu albusul, vinul sau sherry si putina sare. Adăugați treptat suficientă făină de porumb pentru a face un aluat gros. Se încălzește uleiul și se prăjește carnea de porc până devine rumenă și crocantă la exterior și moale la interior.

carne de porc fiertă de două ori

pentru 4 persoane

Carne slabă de porc 225g/8oz
45 ml / 3 linguri ulei de arahide
2 ardei verzi, tocati
2 catei de usturoi tocati
2 cepe primare (ceapa), taiate felii
15 ml/1 lingura sos de fasole iute
15 ml / 1 lingura supa de pui
5 ml/1 lingurita de zahar

Se pune carnea de porc într-o tigaie, se acoperă cu apă, se aduce la fierbere și se fierbe timp de 20 de minute până se înmoaie. Se scurge si se scurge, apoi se lasa sa se raceasca. Tăiați în felii subțiri.

Încinge uleiul și prăjește carnea de porc până se rumenește ușor. Adăugați boia de ardei, usturoiul și ceapa primăvară și prăjiți timp de 2 minute. Scoateți din tigaie. Adăugați sosul de fasole, bulionul și zahărul în tigaie și gătiți, amestecând, timp de 2 minute. Se toarnă carnea de porc și boia și se încălzește. Serviți imediat.

Carne de porc cu legume

pentru 4 persoane

2 catei de usturoi, tocati

5 ml/1 lingurita de sare

2,5 ml / ½ linguriță piper proaspăt măcinat

30 ml / 2 linguri ulei de arahide

30 ml/2 linguri de sos de soia

225 g / 8 oz buchete de broccoli

200 g / 7 oz buchețe de conopidă

1 ardei roșu tăiat cubulețe

1 ceapa tocata marunt

2 portocale, curatate si taiate cubulete

1 bucată de ghimbir, tocată mărunt

30 ml / 2 linguri făină de porumb (amidon de porumb)

300 ml / ½ pt / 1¼ cană apă

20 ml / 2 linguri de oțet

15 ml/1 lingura de miere

un praf de ghimbir macinat

2,5 ml / ½ linguriță de chimen

Tăiați usturoiul în carne, asezonați cu sare și piper. Se incinge uleiul si se prajeste carnea pana capata putina culoare. Scoateți din tigaie. Adăugați sosul de soia și legumele în tigaie și fierbeți până când sunt moale, dar încă crocante. Adăugați portocala și ghimbirul. Combinați făina de porumb și apa și amestecați în tigaie cu oțetul, mierea, ghimbirul și chimenul. Aduceți la fierbere și gătiți în timp ce amestecați timp de 2 minute. Întoarceți carnea de porc în tigaie și reîncălziți înainte de servire.

Carne de porc cu nuca

pentru 4 persoane

50 g / 2 oz / ½ cană nuci

225g/8oz carne de porc slabă, feliată

30 ml / 2 linguri de făină universală

30 ml / 2 linguri de zahăr brun

30 ml/2 linguri de sos de soia

Se prăjește în ulei

15 ml/1 lingură ulei de arahide

Fierbeți nucile în apă clocotită timp de 2 minute, apoi scurgeți. Se amestecă carnea de porc cu făina, zahărul și 15 ml/1 lingură sos de soia până se îmbracă bine. Încinge uleiul și prăjește carnea de porc până devine crocantă și rumenă. Scurgeți pe un prosop de hârtie. Încinge uleiul de arahide și prăjește nucile până se rumenesc. Adăugați carnea de porc în tigaie, turnați peste sosul de soia rămas și prăjiți fierbinte.

wontonuri de porc

pentru 4 persoane

450 g / 1 kg carne de porc tocata (tocata)
1 ceapă primăvară (ceapă), tocată mărunt
225 g de ierburi amestecate, tocate
30 ml/2 linguri de sos de soia
5 ml/1 lingurita de sare
40 de piei wonton
Se prăjește în ulei

Încinge o tigaie și prăjește carnea de porc și ceapa primăvară până capătă puțină culoare. Se ia de pe foc si se adauga legumele, soia si sarea.

Pentru a plia wonton-urile, țineți pielea în mana stângă și puneți niște umplutură în mijloc. Ungeți marginile cu ou și pliați aluatul într-o formă triunghiulară, sigilând marginile. Umeziți colțurile cu ou și răsuciți.

Se incinge uleiul si se prajesc wontonurile putin cate putin pana se rumenesc. Scurgeți bine înainte de servire.

Carne de porc cu castane de apa

pentru 4 persoane

45 ml / 3 linguri ulei de arahide

1 cățel de usturoi zdrobit

1 ceapă primăvară (ceapă), tocată mărunt

1 felie de ghimbir, tocata fin

225g/8oz carne de porc slabă, feliată

100 g castane de apă, feliate subțiri

45 ml / 3 linguri de sos de soia

15 ml/1 lingura de vin de orez sau sherry uscat

5 ml / 1 lingurita faina de porumb (amidon de porumb)

Încinge uleiul și prăjește usturoiul, ceapa primăvară și ghimbirul până încep să se coloreze. Adăugați carnea de porc și gătiți timp de 10 minute până se rumenește. Adăugați castane de apă și prăjiți timp de 3 minute. Adăugați celelalte ingrediente și prăjiți timp de 3 minute.

Carne de porc și creveți

pentru 4 persoane

225 g/8 oz carne de porc tocată (măcinată)

2 cepe primare (ceapa), tocate marunt

100 g legume amestecate, tocate

100 g de ciuperci tocate mărunt

225 g creveți decojiți, tocați

15 ml/1 lingura sos de soia

2,5 ml / ½ linguriță de sare

40 de piei wonton

Se prăjește în ulei

Încinge o tigaie și prăjește carnea de porc și ceapa primăvară până capătă puțină culoare. Se amestecă cu celelalte ingrediente.

Pentru a plia wonton-urile, țineți pielea în mana stângă și puneți niște umplutură în mijloc. Ungeți marginile cu ou și pliați aluatul într-o formă triunghiulară, sigilând marginile. Umeziți colțurile cu ou și răsuciți.

Se incinge uleiul si se prajesc wontonurile putin cate putin pana se rumenesc. Scurgeți bine înainte de servire.

chiftele aburite

pentru 4 persoane

2 catei de usturoi, tocati

2,5 ml / ½ linguriță de sare

450 g / 1 kg carne de porc tocata (tocata)

1 ceapa tocata marunt

1 ardei rosu, tocat

1 ardei verde, tocat

2 felii de ghimbir, tocate

5 ml/1 lingurita pudra de curry

5 ml/1 lingurita boia de ardei

1 ou bătut

45 ml / 3 linguri faina de porumb (amidon de porumb)

50g/2oz orez cu bob scurt

sare si piper proaspat macinat

60 ml / 4 linguri arpagic tocat

Se amestecă usturoiul, sarea, carnea de porc, ceapa, boia de ardei, ghimbirul, pudra de curry și boia de ardei. Adăugați oul în amestecul de amidon de porumb-orez. Se condimentează cu sare și piper, apoi se amestecă ceapa primăvară. Formați bile din amestec cu mâinile umede. Se pune într-un cuptor cu abur, se acoperă și se fierbe în apă clocotită timp de 20 de minute.

Coaste de porc cu sos de fasole neagra

pentru 4 persoane

900 g / 2 lb coaste de porc

2 catei de usturoi, tocati

2 cepe primare (ceapa), tocate marunt

30 ml / 2 linguri de sos de fasole neagra

30 ml / 2 linguri vin de orez sau sherry uscat

15 ml/1 lingura de apa

30 ml/2 linguri de sos de soia

15 ml / 1 lingură făină de porumb (amidon de porumb)

5 ml/1 lingurita de zahar

120 ml / 4 fl oz ½ cană apă

30 ml / 2 linguri de ulei

2,5 ml / ½ linguriță de sare

120 ml / 4 fl oz / ½ cană bulion de pui

Tăiați coastele de porc în cuburi de 2,5 cm. Amestecați usturoiul, ceapa verde, sos de fasole neagră, vin sau sherry, apă și 15 ml/1 lingură sos de soia. Amestecați restul de boabe de soia cu amidonul de porumb, zahărul și apa. Se incinge uleiul si sarea si se prajesc coastele de porc pana se rumenesc. Scurgeți uleiul. Se adauga amestecul de usturoi si se caleste 2 minute. Adăugați supa, aduceți la fierbere, acoperiți și fierbeți timp de 4 minute. Adăugați amestecul de făină de porumb și gătiți, amestecând, până când sosul este ușor și se îngroașă.

coaste la grătar

pentru 4 persoane

3 catei de usturoi, tocati
75 ml / 5 linguri de sos de soia
60 ml / 4 linguri sos hoisin
60 ml / 4 linguri vin de orez sau sherry uscat
45 ml / 3 linguri de zahăr brun
30 ml / 2 linguri pasta de tomate (paste)
900 g / 2 lb coaste de porc
15 ml/1 lingura de miere

Amestecați usturoiul, sosul de soia, sosul hoisin, vinul sau sherry, zahărul brun și pasta de roșii, turnați peste coaste, acoperiți și marinați peste noapte.

Scurgeți coastele și puneți-le pe un grătar într-o tigaie cu puțină apă sub ele. Coaceți în cuptorul preîncălzit la 180°C/350°F/gaz 4 timp de 45 de minute, ungând ocazional cu marinată, rezervând 30 ml/2 linguri de marinadă. Amestecați marinada rezervată cu mierea și ungeți coastele. Coaceți sau grătar sub un grătar încins timp de aproximativ 10 minute.

Coaste de arțar prăjite

pentru 4 persoane

900 g / 2 lb coaste de porc
60 ml / 4 linguri de sirop de artar
5 ml/1 lingurita de sare
5 ml/1 lingurita de zahar
45 ml / 3 linguri de sos de soia
15 ml/1 lingura de vin de orez sau sherry uscat
1 cățel de usturoi zdrobit

Tăiați coastele în bucăți de 5/2 cm și puneți-le într-un castron. Se amestecă toate ingredientele, se adaugă coaste și se amestecă bine. Acoperiți și lăsați la marinat peste noapte. Coaceți (coaceți) sau grătar la foc mediu aproximativ 30 de minute.

coaste de porc fripte

pentru 4 persoane

900 g / 2 lb coaste de porc
120 ml / 4 fl oz / ½ cană de ketchup
120 ml / 4 fl oz / ½ cană oțet
60 ml / 4 linguri chutney de mango
45 ml / 3 linguri vin de orez sau sherry uscat
2 catei de usturoi tocati
5 ml/1 lingurita de sare
45 ml / 3 linguri de sos de soia
30 ml / 2 linguri de miere
15 ml / 1 lingură pudră de curry blândă
15 ml / 1 lingura boia de ardei
Se prăjește în ulei
60 ml / 4 linguri arpagic tocat

Puneți coastele într-un castron. Amestecați toate ingredientele cu excepția uleiului și arpagicului, turnați peste coaste, acoperiți și marinați cel puțin 1 oră. Încinge uleiul și prăjește coastele până devin crocante. Se serveste presarat cu arpagic.

Coaste cu praz

pentru 4 persoane

450 g / 1 lb coaste de porc

Se prăjește în ulei

250 ml / 8 fl oz / 1 cană bulion

30 ml / 2 linguri sos de rosii (ketchup)

2,5 ml / ½ linguriță de sare

2,5 ml / ½ linguriță de zahăr

2 praz, tăiați în bucăți

6 cepe mici (ceapa), tocate marunt

50 g / 2 oz buchete de broccoli

5 ml/1 lingurita ulei de susan

Tăiați coastele de porc în bucăți de 5/2 cm, încălziți uleiul și prăjiți-le până încep să se rumenească. Scoateți din tigaie și turnați tot, cu excepția a 30 ml/2 linguri de ulei. Se adauga bulionul, sosul de rosii, sarea si zaharul, se aduce la fierbere si se fierbe 1 minut. Întoarceți coastele în tigaie și gătiți aproximativ 20 de minute până se înmoaie.

Între timp, încălzește încă 30 ml/2 linguri de ulei și prăjește prazul, ceapa primăvară și broccoli timp de aproximativ 5 minute. Stropiți cu ulei de susan și aranjați în jurul unui vas de servire cald. Turnați friptura și sosul în centru și serviți.

Coaste cu ciuperci

Face 4-6 portii

6 ciuperci chinezești uscate
900 g / 2 lb coaste de porc
2 felii de anason stelat
45 ml / 3 linguri de sos de soia
5 ml/1 lingurita de sare
15 ml / 1 lingură făină de porumb (amidon de porumb)

Înmuiați ciupercile în apă caldă timp de 30 de minute, apoi filtrați. Aruncați tulpinile și tăiați vârfurile. Tăiați coastele de porc în bucăți de 5/2 cm, puneți la fiert o oală cu apă, adăugați coastele și fierbeți 15 minute. Scurgeți bine. Întoarceți coastele în tigaie și acoperiți cu apă rece. Adăugați ciupercile, anasonul stelat, soia și sarea. Aduceți la fiert, acoperiți și fierbeți timp de aproximativ 45 de minute până când carnea este fragedă. Făina de porumb se amestecă cu puțină apă rece, se aruncă în tigaie și se fierbe, amestecând, până când sosul se limpezește și se îngroașă.

Coaste cu portocale

pentru 4 persoane

900 g / 2 lb coaste de porc

5 ml/1 lingurita branza rasa

5 ml / 1 lingurita faina de porumb (amidon de porumb)

45 ml / 3 linguri vin de orez sau sherry uscat

sare

Se prăjește în ulei

15 ml/1 lingura de apa

2,5 ml / ½ linguriță de zahăr

15 ml / 1 lingura pasta de rosii (paste)

2,5 ml / ½ linguriță sos chili

Coaja rasa a 1 portocala

1 portocală feliată

Tăiați coastele de porc și amestecați cu brânza, amidonul de porumb, 5 ml/1 linguriță de vin sau sherry și un praf de sare. Se lasa la marinat 30 de minute. Încinge uleiul și prăjește coastele până se rumenește în aproximativ 3 minute. Încălziți 15 ml/1 lingură de ulei într-un wok, adăugați apa, zahărul, pasta de roșii, sosul chilli, coaja de portocală și restul de vin sau sherry, apoi amestecați la foc mic timp de 2 minute.

Adăugați carnea de porc și amestecați până se îmbracă bine. Se pune intr-un bol caldut si se serveste ornat cu felii de portocala.

Coaste de ananas

pentru 4 persoane

900 g / 2 lb coaste de porc

600 ml / 1 pt / 2½ căni de apă

30 ml / 2 linguri ulei de arahide

2 catei de usturoi, tocati marunt

200 g bucăți de ananas conservate în suc

120 ml / 4 fl oz / ½ cană bulion de pui

60 ml / 4 linguri de otet

50 g / 2 oz / ¼ cană zahăr brun

15 ml/1 lingura sos de soia

15 ml / 1 lingură făină de porumb (amidon de porumb)

3 ceapa primavara (ceapa), tocata marunt

Intr-o tigaie se pune carnea de porc si apa, se aduce la fiert, se acopera si se fierbe 20 de minute. Scurgeți bine.

Încinge uleiul și prăjește ușor usturoiul. Adăugați coastele și prăjiți în ulei până se îmbracă bine. Scurgeți bucățile de ananas și adăugați 120 ml/½ cană de suc în tigaia cu bulion, oțet, zahăr și sos de soia. Aduceți la fierbere, acoperiți și fierbeți timp de 10 minute. Adăugați ananasul scurs. Făina de porumb se amestecă cu puțină apă, se adaugă în sos și se fierbe, amestecând, până când sosul se limpezește și se îngroașă. Se serveste presarat cu arpagic.

Creveți crocanți

pentru 4 persoane

900 g / 2 lb coaste de porc

450 g / 1 kg creveți decojiți

5 ml/1 lingurita de zahar

sare si piper proaspat macinat

30 ml / 2 linguri de făină universală

1 ou, batut usor

100 g/4 oz pesmet

Se prăjește în ulei

Tăiați coastele de porc în bucăți de 5/2 cm, îndepărtați o parte din carne, asezonați cu creveți, zahăr, sare și piper. Adăugați făina și oul până când amestecul devine lipicios. Presa in jurul bucatilor de costita de porc si presara cu pesmet. Se incinge uleiul si se prajesc coastele pana se ridica la suprafata. Se scurge bine si se serveste fierbinte.

Coaste în vin de orez

pentru 4 persoane

900 g / 2 lb coaste de porc
450 ml / ¾ pt / 2 căni de apă
60 ml/4 linguri de sos de soia
5 ml/1 lingurita de sare
30 ml / 2 linguri de vin de orez
5 ml/1 lingurita de zahar

Tăiați coastele în bucăți de 2,5 cm. Intr-o cratita se pune apa, soia si sarea, se aduce la fiert, se acopera si se fierbe 1 ora. Scurgeți bine. Se incinge o tigaie si se adauga coastele, vinul de orez si zaharul. Se fierbe la foc mare până când lichidul se evaporă.

Coaste cu seminte de susan

pentru 4 persoane

900 g / 2 lb coaste de porc

1 ou

30 ml / 2 linguri de făină universală

5 ml/1 lingurita faina de cartofi

45 ml / 3 linguri de apă

Se prăjește în ulei

30 ml / 2 linguri ulei de arahide

30 ml / 2 linguri sos de rosii (ketchup)

30 ml / 2 linguri de zahăr brun

10 ml / 2 lingurițe de oțet

45 ml / 3 linguri seminte de susan

4 frunze de salata verde

Tăiați coastele în bucăți de 10/4 cm și puneți-le într-un castron. Amesteca oul cu faina, amidonul din cartofi si apa, il adaugam la coaste si il lasam sa se odihneasca 4 ore.

Se incinge uleiul si se prajesc coastele pana se rumenesc, se scot si se scurg. Se încălzește uleiul și se prăjește sosul de roșii, zahărul din trestie și oțetul pentru câteva minute. Adăugați coastele de porc și prăjiți până se îmbracă complet.

Se presara cu seminte de susan si se prajesc 1 minut. Asezam frunzele de salata pe o farfurie calda, adaugam coastele si servim.

Coaste dulci și fragede

pentru 4 persoane

900 g / 2 lb coaste de porc
600 ml / 1 pt / 2½ căni de apă
30 ml / 2 linguri ulei de arahide
2 catei de usturoi, tocati
5 ml/1 lingurita de sare
100 g / 4 oz / ½ cană zahăr brun
75 ml / 5 linguri supă de pui
60 ml / 4 linguri de otet
100 g bucăți de ananas în sirop
15 ml / 1 lingura pasta de rosii (paste)
15 ml/1 lingura sos de soia
15 ml / 1 lingură făină de porumb (amidon de porumb)
30 ml / 2 linguri nucă de cocos deshidratată

Intr-o tigaie se pune carnea de porc si apa, se aduce la fiert, se acopera si se fierbe 20 de minute. Scurgeți bine.

Se incinge uleiul si se prajesc coastele cu usturoi si sare pana se rumenesc. Adăugați zahărul, bulionul și oțetul și aduceți la fiert. Scurgeți ananasul și adăugați 30 ml/2 linguri de sirop împreună cu pasta de roșii, soia și amidonul de porumb. Se amestecă bine și se fierbe până când sosul este limpede și gros. Se adauga ananasul, se fierbe 3 minute si se serveste presarat cu nuca de cocos maruntita.

coaste fripte

pentru 4 persoane

900 g / 2 lb coaste de porc

1 ou bătut

5 ml/1 lingurita sos de soia

5 ml/1 lingurita de sare

10 ml / 2 lingurițe de făină de porumb (amidon de porumb)

10 ml / 2 lingurițe de zahăr

60 ml / 4 linguri ulei de arahide

250 ml / 8 fl oz / 1 cană oțet

250 ml / 8 fl oz / 1 cană apă

250 ml / 8 fl oz / 1 cană vin de orez sau sherry uscat

Puneți coastele într-un castron. Bateți oul cu sosul de soia, sarea, jumătate din amidon de porumb și jumătate din zahăr, adăugați în coaste și amestecați bine. Se incinge uleiul si se prajesc coastele pana se rumenesc. Adăugați celelalte ingrediente, aduceți la fierbere și gătiți până când lichidul aproape s-a evaporat.

Coaste cu roșii cherry

pentru 4 persoane

900 g / 2 lb coaste de porc

75 ml / 5 linguri de sos de soia

30 ml / 2 linguri vin de orez sau sherry uscat

2 oua batute

45 ml / 3 linguri faina de porumb (amidon de porumb)

Se prăjește în ulei

45 ml / 3 linguri ulei de arahide

1 ceapa, tocata marunt

250 ml / 8 fl oz / 1 cană bulion de pui

60 ml / 4 linguri sos de rosii (ketchup)

10 ml / 2 linguri de zahăr brun

Tăiați coastele de porc în cuburi de 2,5 cm. Se amestecă 60 ml/4 linguri de sos de soia și vinul sau sherry și se lasă la marinat timp de 1 oră, amestecând din când în când. Scurgeți și aruncați marinada. Ungeți coastele cu oul și apoi mălaiul. Se incinge uleiul si se prajesc coastele putin cate putin pana se rumenesc. Scurgeți bine. Se încălzește uleiul de arahide și se prăjește ceapa până devine translucida. Adăugați bulionul, sosul de soia rămas, sosul de roșii și zahărul brun și gătiți, amestecând, timp de 1 minut. Adăugați coastele și fierbeți timp de 10 minute.

Carne de porc la gratar

Face 4-6 portii

1,25 kg / 3 lb umăr de porc dezosat

2 catei de usturoi, tocati

2 cepe primare (ceapa), tocate marunt

250 ml / 8 fl oz / 1 cană sos de soia

120 ml / 4 fl oz / ½ cană vin de orez sau sherry uscat

100 g / 4 oz / ½ cană zahăr brun

5 ml/1 lingurita de sare

Pune carnea de porc într-un castron. Se amestecă celelalte ingrediente, se toarnă peste carnea de porc, se acoperă și se lasă la marinat timp de 3 ore. Transferați carnea de porc și marinata într-o tavă și coaceți în cuptorul preîncălzit la 200°C timp de 10 minute. Reduceți temperatura la 160°C/325°F/marca de gaz 3 timp de 1¾ de oră până când carnea de porc este gătită.

Carne de porc rece cu muştar

pentru 4 persoane

1 kg/2 lb friptură de porc dezosată
250 ml / 8 fl oz / 1 cană sos de soia
120 ml / 4 fl oz / ½ cană vin de orez sau sherry uscat
100 g / 4 oz / ½ cană zahăr brun
3 ceapa primavara (ceapa), tocata marunt
5 ml/1 lingurita de sare
30 ml / 2 linguri de muştar pudră

Pune carnea de porc într-un castron. Se amestecă toate celelalte ingrediente, cu excepţia muştarului şi se toarnă peste carnea de porc. Se lasa la marinat cel putin 2 ore, umezindu-se des. Tapetaţi o tavă cu folie de aluminiu şi puneţi carnea de porc pe un gratar în tavă. Coaceţi în cuptorul preîncălzit la 200°C/400°F/gaz 6 timp de 10 minute, apoi reduceţi temperatura la 160°C/325°F/gaz 3 pentru încă o oră şi apoi până când carnea de porc este fragedă. Se lasa sa se raceasca, apoi se da la frigider. Tăiaţi în felii foarte subţiri. Se amestecă pudra de muştar cu suficientă apă pentru a obţine o masă cremoasă lângă carnea de porc.

Carne de porc prăjită chinezească

pentru 6

1,25 kg/3lb carne de porc, feliată gros
2 catei de usturoi, tocati marunt
30 ml / 2 linguri vin de orez sau sherry uscat
15 ml/1 lingură de zahăr brun
15 ml/1 lingura de miere
90 ml / 6 linguri de sos de soia
2,5 ml / 1/2 linguriță pudră cu cinci condimente

Așezați carnea de porc într-un vas puțin adânc. Se amestecă restul ingredientelor, se toarnă peste carnea de porc, se acoperă și se lasă la marinat peste noapte la frigider, întorcându-le din când în când și ungem.

Asezam feliile de porc pe un gratar intr-o tava plina cu putina apa si stropim bine cu marinada. la cuptorul preîncălzit la 180°C/350°F/gaz marca 5 pentru cca. Coaceți 1 oră, unturând din când în când, până când carnea de porc este fragedă.

Carne de porc cu spanac

Servit de la 6 la 8

30 ml / 2 linguri ulei de arahide

1,25 kg / 3 lb muschi de porc

250 ml / 8 fl oz / 1 cană bulion de pui

15 ml/1 lingură de zahăr brun

60 ml/4 linguri de sos de soia

900 g / 2 lire spanac

Se încălzește uleiul și se rumenește carnea de porc pe toate părțile. Îndepărtează cea mai mare parte a grăsimii. Adăugați bulionul, zahărul și soia, aduceți la fiert, acoperiți și fierbeți aproximativ 2 ore până când carnea de porc este fragedă. Scoateți carnea din tigaie, lăsați-o să se răcească puțin, apoi feliați-o. Adăugați spanacul în tigaie și gătiți la foc mic, amestecând cu grijă, până se înmoaie. Scurge spanacul și pune-l pe o plită încinsă. Deasupra puneți felii de porc și serviți.

bile de porc prajite

pentru 4 persoane

450 g / 1 kg carne de porc tocata (tocata)
1 felie de ghimbir, tocata fin
15 ml / 1 lingură făină de porumb (amidon de porumb)
15 ml/1 lingura de apa
2,5 ml / ½ linguriță de sare
10 ml/2 linguri de sos de soia
Se prăjește în ulei

Se amestecă carnea de porc și ghimbirul. Se amestecă făina de porumb, apa, sarea și soia, apoi se adaugă la carnea de porc și se amestecă bine. Formează bile de mărimea unei nuci. Încinge uleiul și prăjește chiftelele până când plutesc la suprafață. Scoateți din ulei și încălziți. Întoarceți carnea de porc în tigaie și gătiți timp de 1 minut. Scurgeți bine.

Carne de porc și creveți

pentru 4 persoane

30 ml / 2 linguri ulei de arahide
225 g/8 oz carne de porc tocată (măcinată)
225 g / 8 oz creveți
100 g frunze chinezești, rupte
100 g muguri de bambus, tăiați în fâșii
100 g castane de apă tăiate fâșii
10 ml/2 linguri de sos de soia
5 ml/1 lingurita de sare
5 ml/1 lingurita de zahar
3 ceapa primavara (ceapa), tocata marunt
Coji de 8 rulouri de ouă
Se prăjește în ulei

Încinge uleiul și prăjește carnea de porc până se îngroașă. Adăugați creveții și prăjiți timp de 1 minut. Adăugați frunzele chinezești, lăstarii de bambus, castanele de apă, sosul de soia, sare și zahărul și prăjiți timp de 1 minut, apoi acoperiți și fierbeți timp de 5 minute. Adăugați ceapa primăvară, turnați într-o strecurătoare și lăsați-o să se scurgă.

Așezați câteva linguri din amestecul de umplutură în centrul fiecărei rulouri, îndoiți partea de jos, îndoiți pe părțile laterale, apoi rulați pentru a cuprinde umplutura. Sigilați marginile cu un amestec de puțină făină și apă și lăsați să se usuce 30 de minute. Încinge uleiul și prăjește rulourile timp de aproximativ 10 minute până devin crocante și auriu. Scurgeți bine înainte de servire.

Carne tocată de porc înăbușită

pentru 4 persoane

450 g / 1 kg carne de porc tocata (tocata)
5 ml / 1 lingurita faina de porumb (amidon de porumb)
2,5 ml / ½ linguriță de sare
10 ml/2 linguri de sos de soia

Amestecați carnea de porc cu celelalte ingrediente și întindeți amestecul pe o tavă de copt. Puneți într-un cuptor cu aburi peste apă clocotită și fierbeți la abur timp de aproximativ 30 de minute până când sunt fierte. Serviți cald.

Carne de porc prajita cu carne de crab

pentru 4 persoane

225 g carne de crab fulgioasă

100 g de ciuperci tocate mărunt

100 g muguri de bambus, tocati

5 ml / 1 lingurita faina de porumb (amidon de porumb)

2,5 ml / ½ linguriță de sare

225g/8oz carne de porc fiartă, feliată

1 albus de ou, batut usor

Se prăjește în ulei

15 ml / 1 lingura patrunjel plat proaspat tocat

Se amestecă carnea de crab, ciupercile, lăstarii de bambus, cea mai mare parte din făina de porumb și sarea. Tăiați carnea în cuburi de 5 cm. Faceți sandvișuri din amestecul de carne de crab. Se acopera cu albusul. Se incinge uleiul si se prajesc sandviciurile putin cate putin pana se rumenesc. Scurgeți bine. Se serveste presarat cu patrunjel.

Carne de porc cu muguri de fasole

pentru 4 persoane

30 ml / 2 linguri ulei de arahide

2,5 ml / ½ linguriță de sare

2 catei de usturoi, tocati

450 g / 1 lb muguri de fasole

225g/8oz carne de porc fiartă, tăiată cubulețe

120 ml / 4 fl oz / ½ cană bulion de pui

15 ml/1 lingura sos de soia

15 ml/1 lingura de vin de orez sau sherry uscat

5 ml/1 lingurita de zahar

15 ml / 1 lingură făină de porumb (amidon de porumb)

2,5 ml / ½ linguriță ulei de susan

3 ceapa primavara (ceapa), tocata marunt

Încinge uleiul și prăjește sarea și usturoiul până capătă puțină culoare. Adăugați mugurii de fasole și carnea de porc și prăjiți timp de 2 minute. Adăugați jumătate din bulion, aduceți la fierbere, acoperiți și fierbeți timp de 3 minute. Se amestecă bulionul rămas cu celelalte ingrediente, se adaugă în tigaie, se aduce la fierbere și se fierbe, amestecând, timp de 4 minute. Se serveste presarat cu arpagic.

Piure simplu de pui

pentru 4 persoane

1 piept de pui, feliat subțire

2 felii de ghimbir, tocate

2 cepe primare (ceapa), tocate marunt

15 ml / 1 lingură făină de porumb (amidon de porumb)

15 ml/1 lingura de vin de orez sau sherry uscat

30 ml / 2 linguri de apă

2,5 ml / ½ linguriță de sare

45 ml / 3 linguri ulei de arahide

100g/4oz muguri de bambus, feliați

100 g ciuperci, feliate

100 g / 4 oz muguri de fasole

15 ml/1 lingura sos de soia

5 ml/1 lingurita de zahar

120 ml / 4 fl oz / ½ cană bulion de pui

Pune puiul într-un castron. Amesteca ghimbirul, ceapa, amidonul de porumb, vinul sau sherry, apa si sarea, adaugam puiul si lasam sa stea 1 ora. Se încălzește jumătate din ulei și se prăjește puiul până se rumenește ușor, apoi se scoate din tigaie. Se încălzește uleiul rămas și se prăjesc lăstarii de bambus, ciupercile și mugurii de fasole timp de 4 minute. Adăugați sosul de soia, zahărul și bulionul, aduceți la fiert, acoperiți și fierbeți timp de 5 minute până când legumele sunt moi. Reveniți puiul în tigaie, amestecați bine și reîncălziți ușor înainte de servire.

Pui in sos de rosii

pentru 4 persoane

30 ml / 2 linguri ulei de arahide

5 ml/1 lingurita de sare

2 catei de usturoi, tocati

450 g/1 lb pui tăiat cubulețe

300 ml / ½ pt / 1¼ cani supa de pui

120 ml / 4 fl oz / ½ cană de ketchup

15 ml / 1 lingură făină de porumb (amidon de porumb)

4 cepe primare (ceapa), taiate felii

Încinge uleiul cu sarea și usturoiul până când usturoiul se rumenește ușor. Adăugați puiul și prăjiți până se rumenește deschis. Adăugați cea mai mare parte din bulion, aduceți la fierbere, acoperiți și fierbeți timp de aproximativ 15 minute până când puiul este fraged. Se amestecă bulionul rămas cu sosul de roșii și porumbul și se amestecă în tigaie. Se fierbe, amestecând, până când sosul se îngroașă și devine transparent. Dacă sosul curge prea mult, lăsați-l să fiarbă până se înmoaie. Adăugați ceapa primăvară și gătiți timp de 2 minute înainte de servire.

Pui cu rosii cherry

pentru 4 persoane

225g/8oz pui, tăiat cubuleţe
15 ml / 1 lingură făină de porumb (amidon de porumb)
15 ml/1 lingura sos de soia
15 ml/1 lingura de vin de orez sau sherry uscat
45 ml / 3 linguri ulei de arahide
1 ceapa taiata cubulete
60 ml / 4 linguri supă de pui
5 ml/1 lingurita de sare
5 ml/1 lingurita de zahar
2 roşii, curăţate şi tăiate cubuleţe

Amestecaţi puiul cu amidonul de porumb, sosul de soia şi vinul sau sherry şi lăsaţi-l să stea timp de 30 de minute. Încinge uleiul şi prăjeşte pieptul de pui până se rumeneşte. Adăugaţi ceapa şi fierbeţi până se înmoaie. Adăugaţi bulionul, sarea şi zahărul, aduceţi la fiert şi amestecaţi uşor la foc mic până când puiul este fraged. Adăugaţi roşiile şi amestecaţi până se încălzesc.

Pui poșat cu roșii cherry

pentru 4 persoane

4 portii de pui
4 roșii, curățate și tăiate în patru
15 ml/1 lingura de vin de orez sau sherry uscat
15 ml/1 lingură ulei de arahide
sare

Puneti puiul intr-o tigaie si acoperiti cu apa rece. Aduceți la fierbere, acoperiți și fierbeți timp de 20 de minute. Adăugați roșiile, vinul sau sherry, uleiul și sarea, acoperiți și fierbeți încă 10 minute până când puiul este fraged. Așezați pieptul de pui pe o farfurie încălzită și tăiați-l în felii. Se încălzește sosul și se toarnă peste pui pentru a servi.

Pui si rosii cu sos de fasole neagra

pentru 4 persoane

45 ml / 3 linguri ulei de arahide

1 cățel de usturoi zdrobit

45 ml / 3 linguri de sos de fasole neagra

225g/8oz pui, tăiat cubulețe

15 ml/1 lingura de vin de orez sau sherry uscat

5 ml/1 lingurita de zahar

15 ml/1 lingura sos de soia

90 ml / 6 linguri supă de pui

3 roșii curățate și tăiate în sferturi

10 ml / 2 lingurițe de făină de porumb (amidon de porumb)

45 ml / 3 linguri de apă

Încinge uleiul și călește usturoiul timp de 30 de secunde. Adăugați sosul de fasole neagră și prăjiți timp de 30 de secunde, apoi adăugați puiul și amestecați până când uleiul este bine acoperit. Adăugați vinul sau sherry, zahărul, sosul de soia și bulionul, aduceți la fierbere, acoperiți și fierbeți timp de aproximativ 5 minute până când puiul este fraged. Amestecați făina de porumb și apa până la o pastă, adăugați-o în tigaie și gătiți, amestecând, până când sosul se limpezește și se îngroașă.

Pui rapid cu legume

pentru 4 persoane

1 albus de ou
50 g faina de porumb (maizena)
225 g piept de pui taiat fasii
75 ml/5 linguri ulei de arahide
200 g muguri de bambus, tăiați în fâșii
50 g / 2 oz de muguri de fasole
1 ardei verde taiat fasii
3 cepe primare (ceapa), taiate felii
1 felie de ghimbir, tocata fin
1 catel de usturoi, tocat marunt
15 ml/1 lingura de vin de orez sau sherry uscat

Bateți albușurile și amidonul de porumb și înmuiați fâșiile de pui în amestec. Încinge uleiul până este suficient de fierbinte și prăjește puiul câteva minute până se înmoaie. Scoateți din tigaie și scurgeți bine. Adăugați lăstarii de bambus, mugurii de fasole, ardeii, ceapa, ghimbirul și usturoiul în tigaie și prăjiți timp de 3 minute. Adăugați vinul sau sherry și întoarceți puiul în tigaie. Se amestecă bine și se încălzește înainte de servire.

pui cu nuci

pentru 4 persoane

45 ml / 3 linguri ulei de arahide

2 cepe primare (ceapa), tocate marunt

1 felie de ghimbir, tocata fin

450 g piept de pui, feliat foarte subțire

50 g / 2 oz șuncă, tăiată în bucăți

30 ml/2 linguri de sos de soia

30 ml / 2 linguri vin de orez sau sherry uscat

5 ml/1 lingurita de zahar

5 ml/1 lingurita de sare

100 g / 4 oz / 1 cană nuci, tocate

Încinge uleiul și căliți ceapa și ghimbirul timp de 1 minut. Adăugați puiul și șunca și gătiți până aproape gata în 5 minute. Adăugați sosul de soia, vinul sau sherry, zahărul și sarea și puneți la sot timp de 3 minute. Adăugați nucile și prăjiți timp de 1 minut, până când ingredientele sunt bine combinate.

Pui cu nuci

pentru 4 persoane

100 g / 4 oz / 1 cană nuci decojite, tăiate la jumătate
Se prăjește în ulei
45 ml / 3 linguri ulei de arahide
2 felii de ghimbir, tocate
225g/8oz pui, tăiat cubulețe
100g/4oz muguri de bambus, feliați
75 ml / 5 linguri supă de pui

Se prepară nucile, se încălzește uleiul, se prăjesc nucile până se rumenesc și se scurg bine. Încinge uleiul de arahide și prăjește ghimbirul timp de 30 de secunde. Adăugați puiul și prăjiți până se rumenește deschis. Adăugați celelalte ingrediente, aduceți la fiert și gătiți, amestecând, până când puiul este fraged.

Pui cu castane de apa

pentru 4 persoane

45 ml / 3 linguri ulei de arahide

2 catei de usturoi, tocati

2 cepe primare (ceapa), tocate marunt

1 felie de ghimbir, tocata fin

225 g piept de pui taiat felii

100 g castane de apă, feliate

45 ml / 3 linguri de sos de soia

15 ml/1 lingura de vin de orez sau sherry uscat

5 ml / 1 lingurita faina de porumb (amidon de porumb)

Încinge uleiul și prăjește usturoiul, ceapa primăvară și ghimbirul până încep să se coloreze. Adăugați puiul și prăjiți timp de 5 minute. Adăugați castane de apă și prăjiți timp de 3 minute. Adăugați sosul de soia, vinul sau sherry și făina de porumb și fierbeți timp de aproximativ 5 minute, până când puiul este fraged.

Pui sarat cu castane de apa

pentru 4 persoane

30 ml / 2 linguri ulei de arahide

4 bucati de pui

3 ceapa primavara (ceapa), tocata marunt

2 catei de usturoi, tocati

1 felie de ghimbir, tocata fin

250 ml / 8 fl oz / 1 cană sos de soia

30 ml / 2 linguri vin de orez sau sherry uscat

30 ml / 2 linguri de zahăr brun

5 ml/1 lingurita de sare

375 ml / 13 fl oz / 1¼ cani de apă

225 g castane de apă, feliate

15 ml / 1 lingură făină de porumb (amidon de porumb)

Încinge uleiul și prăjește bucățile de pui până se rumenesc. Adăugați ceapa primăvară, usturoiul și ghimbirul și prăjiți timp de 2 minute. Adăugați sosul de soia, vinul sau sherry, zahărul și sarea și amestecați bine. Adăugați apa, aduceți la fiert, acoperiți și fierbeți timp de 20 de minute. Adăugați castane de apă, acoperiți și fierbeți încă 20 de minute. Făina de porumb se amestecă cu puțină apă, se adaugă în sos și se fierbe, amestecând, până când sosul se limpezește și se îngroașă.

wonton de pui

pentru 4 persoane

4 ciuperci chinezești uscate

450 g piept de pui, tocat

225 g de ierburi amestecate, tocate

1 ceapă primăvară (ceapă), tocată mărunt

15 ml/1 lingura sos de soia

2,5 ml / ½ linguriță de sare

40 de piei wonton

1 ou bătut

Înmuiați ciupercile în apă caldă timp de 30 de minute, apoi filtrați. Aruncați tulpinile și tăiați vârfurile. Se amestecă cu pui, legume, soia și sare.

Pentru a plia wonton-urile, țineți pielea în mâna stângă și puneți niște umplutură în mijloc. Ungeți marginile cu ou și pliați aluatul într-o formă triunghiulară, sigilând marginile. Umeziți colțurile cu ou și răsuciți.

Se fierbe o oală cu apă. Adăugați wonton-urile și gătiți aproximativ 10 minute până când plutesc la suprafață.

aripioare de pui crocante

pentru 4 persoane

900 g / 2 lb aripioare de pui

60 ml / 4 linguri vin de orez sau sherry uscat

60 ml/4 linguri de sos de soia

50 g / 2 oz / ½ cană făină de porumb (maizena)

ulei de arahide pentru prajit

Puneți aripioarele de pui într-un castron. Se amestecă restul ingredientelor și se toarnă peste aripioarele de pui, amestecând bine pentru a le îmbrăca cu sosul. Acoperiți și lăsați să se odihnească timp de 30 de minute. Se încălzește uleiul și se prăjește pieptul de pui în perechi până când sunt fierți și de culoare închisă. Scurgeți bine pe prosoape de hârtie și păstrați la cald în timp ce prăjiți puiul rămas.

Aripioare de pui cu cinci condimente

pentru 4 persoane

30 ml / 2 linguri ulei de arahide

2 catei de usturoi, tocati

450 g / 1 kilogram de aripioare de pui

250 ml / 8 fl oz / 1 cană bulion de pui

30 ml/2 linguri de sos de soia

5 ml/1 lingurita de zahar

5 ml/1 linguriță de pudră cu cinci condimente

Încinge uleiul și usturoiul până când usturoiul se rumenește ușor. Adăugați puiul și prăjiți până se rumenește deschis. Adăugați celelalte ingrediente, amestecați bine și aduceți la fierbere. Acoperiți și fierbeți timp de aproximativ 15 minute până când puiul este fraged. Scoateți capacul și continuați să gătiți la foc mic, amestecând din când în când, până când aproape tot lichidul s-a evaporat. Serviți cald sau rece.

Aripioare de pui marinate

pentru 4 persoane

45 ml / 3 linguri de sos de soia

45 ml / 3 linguri vin de orez sau sherry uscat

30 ml / 2 linguri de zahăr brun

5 ml / 1 linguriță rădăcină de ghimbir rasă

2 catei de usturoi, tocati

6 ceapa primavara (ceapa), taiata felii

450 g / 1 kilogram de aripioare de pui

30 ml / 2 linguri ulei de arahide

225 g / 8 oz muguri de bambus, feliați

20 ml / 4 lingurițe făină de porumb (amidon de porumb)

175 ml / 6 fl oz / 3/4 cană supă de pui

Se amestecă soia, vinul sau sherry, zahărul, ghimbirul, usturoiul și ceaiul verde. Adăugați aripioarele de pui și amestecați pentru a se acoperi complet. Acoperiți și lăsați să stea 1 oră, amestecând din când în când. Se încălzește uleiul și se prăjesc lăstarii de bambus timp de 2 minute. Scoateți-le din tigaie. Scurgeți puiul și ceapa, scurgeți marinada. Se încălzește uleiul din nou și se prăjește puiul până se rumenește pe toate părțile. Acoperiți și gătiți încă 20 de minute până când puiul este fraged. Amestecați amidonul de porumb cu bulionul și marinada. Se toarnă peste pui și se fierbe, amestecând, până se îngroașă sosul. Adăugați lăstarii de bambus și gătiți, amestecând, încă 2 minute.

Aripioare de pui adevărate

pentru 4 persoane

12 aripioare de pui

250 ml / 8 fl oz / 1 cană ulei de arahide

15 ml/1 lingură zahăr granulat

2 cepe mici (ceapa), tocate marunt

5 felii de rădăcină de ghimbir

5 ml/1 lingurita de sare

45 ml / 3 linguri de sos de soia

250 ml / 8 fl oz / 1 cană vin de orez sau sherry uscat

250 ml / 8 fl oz / 1 cană bulion de pui

10 felii de muguri de bambus

15 ml / 1 lingură făină de porumb (amidon de porumb)

15 ml/1 lingura de apa

2,5 ml / ½ linguriță ulei de susan

Se fierb aripioarele de pui în apă clocotită timp de 5 minute, apoi se scurg bine. Se incinge uleiul, se adauga zaharul si se amesteca pana se topeste si devine maro auriu. Adăugați puiul, ceapa primăvară, ghimbirul, sarea, sosul de soia, vinul și bulionul, aduceți la fiert și fierbeți timp de 20 de minute.

Adăugați lăstarii de bambus și gătiți timp de 2 minute sau până când lichidul aproape s-a evaporat. Amestecați făina de porumb cu apa, adăugați-o în tigaie și amestecați până se îngroașă. Asezati aripioarele de pui pe o plita incinsa si serviti stropite cu ulei de susan.

Aripioare de pui condimentate

pentru 4 persoane

30 ml / 2 linguri ulei de arahide

5 ml/1 lingurita de sare

2 catei de usturoi, tocati

900 g / 2 lb aripioare de pui

30 ml / 2 linguri vin de orez sau sherry uscat

30 ml/2 linguri de sos de soia

30 ml / 2 linguri pasta de tomate (paste)

15 ml / 1 lingura sos Worcestershire

Se incinge uleiul, sarea si usturoiul si se prajesc pana usturoiul se rumeneste usor. Adăugați aripioarele de pui și gătiți, amestecând des, până devin maro auriu și aproape gata, aproximativ 10 minute. Adăugați restul ingredientelor și prăjiți aproximativ 5 minute, până când puiul este crocant și gătit.

pulpe de pui la gratar

pentru 4 persoane

16 pulpe de pui

30 ml / 2 linguri vin de orez sau sherry uscat

30 ml / 2 linguri de otet

30 ml / 2 linguri ulei de măsline

sare si piper proaspat macinat

120 ml / 4 fl oz / ½ cană suc de portocale

30 ml/2 linguri de sos de soia

30 ml / 2 linguri de miere

15 ml/1 lingură suc de lămâie

2 felii de ghimbir, tocate

120 ml / 4 fl oz / ½ cană sos chili

Amestecați toate ingredientele, cu excepția sosului chili, acoperiți și marinați peste noapte la frigider. Scoateți puiul din marinată și frigeți-l pe grătar timp de aproximativ 25 de minute, întorcându-l și ungându-l cu sosul chili în timp ce gătiți.

Pulpe de pui Hoisin

pentru 4 persoane

8 pulpe de pui

600 ml / 1 buc / 2½ dl supă de pui

sare si piper proaspat macinat

250 ml / 8 fl oz / 1 cană sos hoisin

30 ml / 2 linguri de făină universală

2 oua batute

100 g / 4 oz / 1 cană pesmet

Se prăjeşte în ulei

Puneți chiftelele și bulionul într-o tigaie, aduceți la fierbere, acoperiți și fierbeți timp de 20 de minute până sunt fierte. Scoateți puiul din tigaie şi uscați-l cu prosoape de hârtie. Puneti puiul intr-un bol si asezonati cu sare si piper. Se toarnă peste el sosul hoisin și se lasă la marinat 1 oră. Gol. Rulați puiul în făină, apoi ungeți cu ou și pesmet, apoi din nou cu ou și pesmet. Încinge uleiul și prăjește puiul până se rumenește în aproximativ 5 minute. Scurgeți pe hârtie absorbantă și serviți cald sau rece.

pui fiert

Face 4-6 portii

75 ml/5 linguri ulei de arahide

1 pui

3 cepe primare (ceapa), taiate felii

3 felii de rădăcină de ghimbir

120 ml / 4 fl oz / ½ cană sos de soia

30 ml / 2 linguri vin de orez sau sherry uscat

5 ml/1 lingurita de zahar

Încinge uleiul și prăjește pieptul de pui până se rumenește. Adaugati ceapa, ghimbirul, sosul de soia si vinul sau sherry si aduceti la fiert. Acoperiți și fierbeți timp de 30 de minute, întorcându-le din când în când. Adăugați zahărul, acoperiți și fierbeți încă 30 de minute până când puiul este fraged.

pui prajit crocant

pentru 4 persoane

1 pui

sare

30 ml / 2 linguri vin de orez sau sherry uscat

3 ceai, taiate cubulete

1 felie de rădăcină de ghimbir

30 ml/2 linguri de sos de soia

30 ml / 2 linguri de zahăr

5 ml / 1 linguriță cuişoare întregi

5 ml/1 lingurita de sare

5 ml / 1 lingurita boabe de piper

150 ml / ¼ pt / ½ cană generoasă bulion de pui

Se prăjeşte în ulei

1 salata verde, tocata

4 roşii, feliate

½ castravete, feliat

Frecați puiul cu sare şi lăsați-l să stea 3 ore. Clătiți şi puneți într-un bol. Adăugați vinul sau sherry, ghimbirul, sosul de soia, zahărul, cuişoarele, sare, piper şi bulionul şi amestecați bine. Puneți oala într-un cuptor cu aburi, acoperiți şi fierbeți timp de aproximativ 2 1/4 ore, până când puiul este gătit. Gol. Se încălzește uleiul până se afumă, apoi se adaugă puiul și se prăjește până se rumenește. Se prăjește încă 5 minute, se scot din ulei și se scurge. Tăiați în bucăți și puneți pe o farfurie caldă. Se ornează cu salată verde, roșii și castraveți și se servește cu sare și piper.

Pui întreg prăjit

Pentru 5 portii

1 pui
10 ml/2 lingurițe de sare
15 ml/1 lingura de vin de orez sau sherry uscat
2 ceainice (ghivece), tăiate în jumătate
3 felii de ghimbir, tăiate fâșii
Se prăjește în ulei

Uscați puiul și frecați pielea cu sare și vin sau sherry. Pune ceapa primavara si ghimbirul in gaura. Lăsați puiul să se usuce într-un loc răcoros timp de aproximativ 3 ore. Încinge uleiul și pune puiul într-o tigaie. Pune-l cu grija in ulei si marina-l continuu din interior pana cand puiul se rumeneste usor. Se scoate din ulei si se lasa putin sa se raceasca in timp ce incingi uleiul. Coaceți din nou până când devine auriu. Se scurge bine, apoi se taie cubulete.

Pui cu cinci condimente

Face 4-6 portii

1 pui

120 ml / 4 fl oz / ½ cană sos de soia

2,5 cm/1 inch rădăcină de ghimbir, tocată mărunt

1 cățel de usturoi zdrobit

15 ml/1 lingură de pudră cu cinci condimente

30 ml / 2 linguri vin de orez sau sherry uscat

30 ml / 2 linguri de miere

2,5 ml / ½ linguriță ulei de susan

Se prăjește în ulei

30 ml / 2 linguri de sare

5 ml / 1 lingurita piper proaspat macinat

Pune puiul într-o tigaie mare și umple cu apă până la mijlocul coapsei. Pune deoparte 15 ml/1 lingură de sos de soia și adaugă restul în tigaia cu ghimbirul, usturoiul și jumătate din praful de cinci condimente. Aduceți la fierbere, acoperiți și fierbeți timp de 5 minute. Opriți focul și lăsați puiul în apă până când apa este călduță. Gol.

Tăiați pieptul de pui în jumătate pe lungime și puneți-l într-o tigaie cu partea tăiată în jos. Amestecați sosul de soia rămas și pudra cu cinci condimente cu vinul sau sherry, mierea și uleiul de susan. Frecați amestecul în pui și lăsați să stea timp de 2 ore, ungându-l din când în când. Se încălzește uleiul și se prăjește puiul timp de aproximativ 15 minute până se rumenește și este fiert. Se scurge pe hârtie absorbantă și se taie în bucăți mici.

Intre timp se condimenteaza cu sare si piper si se incinge intr-o tigaie uscata aproximativ 2 minute. Se servește ca o baie pentru pui.

Pui cu ghimbir si arpagic

pentru 4 persoane

1 pui

2 felii de rădăcină de ghimbir tăiate fâșii

sare si piper proaspat macinat

90 ml/4 linguri ulei de arahide

8 ceapa primavara (ceapa), tocata marunt

10 ml/2 linguri de otet de vin alb

5 ml/1 lingurita sos de soia

Asezati puiul intr-o tigaie mare, adaugati jumatate de ghimbir si acoperiti cu apa cat sa acopere aproape puiul. Adăugați sare și piper. Aduceți la fierbere, acoperiți și fierbeți timp de aproximativ 1 ¼ oră până când se înmoaie. Lăsați puiul în suc până se răcește. Scurgeți puiul și puneți la frigider până se răcește. Tăiați în bucăți de servire.

Răziți ghimbirul rămas, asezonați cu ulei, ceapă primăvară, oțet și soia, sare și piper. Dați la frigider pentru 1 oră. Puneți bucățile de pui în bol și turnați peste ele sosul de ghimbir. Serviți cu orez aburit.

pui poșat

pentru 4 persoane

1 pui

1,2 l / 2 puncte / 5 dl supă de pui sau apă

30 ml / 2 linguri vin de orez sau sherry uscat

4 ceapa primavara (ceapa), tocata marunt

1 felie de rădăcină de ghimbir

5 ml/1 lingurita de sare

Pune puiul într-o oală mare cu restul ingredientelor. Bulionul sau apa trebuie să ajungă până la mijlocul coapsei. Aduceți la fierbere, acoperiți și fierbeți timp de aproximativ 1 oră până când puiul este fraged. Scurgeți și rezervați supa pentru supe.

Pui fiert roșu

pentru 4 persoane

1 pui

250 ml / 8 fl oz / 1 cană sos de soia

Pune puiul într-o cratiță, toarnă peste el sosul de soia și umple cu apă până aproape că acoperă puiul. Aduceți la fierbere, acoperiți și fierbeți timp de aproximativ 1 oră până când puiul este fraged, întorcându-l din când în când.

Pui picant fiert roșu

pentru 4 persoane

2 felii de rădăcină de ghimbir

2 ceapa primavara (ceapa)

1 pui

3 felii de anason stelat

½ baton de scortisoara

15 ml / 1 lingură piper de Szechuan

75 ml / 5 linguri de sos de soia

75 ml / 5 linguri vin de orez sau sherry uscat

75 ml / 5 linguri ulei de susan

15 ml/1 lingura de zahar

Puneți ghimbirul și ceaiul verde în cavitatea puiului și puneți puiul într-o tigaie. Leagă anasonul stelat, scorțișoară și boabe de piper într-o bucată de muselină și se adaugă în tigaie. Acoperiți cu sos de soia, vin sau sherry și ulei de susan. Aduceți la fierbere, acoperiți și fierbeți timp de aproximativ 45 de minute. Adăugați zahărul, acoperiți și fierbeți încă 10 minute până când puiul este fraged.

pui prajit cu susan

pentru 4 persoane

50 g/2 oz seminţe de susan

1 ceapa tocata marunt

2 catei de usturoi tocati

10 ml/2 linguriţe de sare

1 ardei rosu uscat, tocat

un praf de cuisoare macinate

2,5 ml/½ linguriţă cardamom măcinat

2,5 ml / ½ linguriţă ghimbir măcinat

75 ml/5 linguri ulei de arahide

1 pui

Amestecă toate condimentele şi uleiul şi periază puiul. Puneţi într-o tigaie adâncă şi adăugaţi 30 ml/2 linguri de apă. 180°C/350°F/gaz 4 într-un cuptor preîncălzit pentru cca. Coaceţi timp de 2 ore, întorcând puiul din când în când până se rumeneşte şi se găteşte. Dacă este necesar, mai adăugaţi puţină apă pentru a preveni arderea.

Pui în sos de soia

Face 4-6 portii

300 ml / ½ pt / 1¼ cani sos de soia

300 ml vin de orez sau sherry uscat

1 ceapa tocata marunt

3 felii de rădăcină de ghimbir, tocate

50 g / 2 oz / ¼ cană zahăr

1 pui

15 ml / 1 lingură făină de porumb (amidon de porumb)

60 ml / 4 linguri de apă

1 castravete, curatat de coaja si feliat

30 ml / 2 linguri patrunjel proaspat tocat

Combinați soia, vinul sau sherry, ceapa, ghimbirul și zahărul într-o cratiță și aduceți la fierbere. Adăugați puiul, aduceți din nou la fierbere, acoperiți și fierbeți timp de 1 oră, întorcându-le din când în când, până se înmoaie. Transferați puiul pe o farfurie caldă și feliați. Turnați totul, cu excepția a 250 ml/8 fl oz/1 cană de lichid de gătit și aduceți la fierbere. Amestecați făina de porumb și apa până la o pastă, adăugați-o în tigaie și gătiți, amestecând, până când sosul se limpezește și se îngroașă. Se unge puiul cu sos și se ornează cu castraveți și pătrunjel. Serviți sosul rămas în lateral.

pui la aburi

pentru 4 persoane

1 pui
45 ml / 3 linguri vin de orez sau sherry uscat
sare
2 felii de rădăcină de ghimbir
2 ceapa primavara (ceapa)
250 ml / 8 fl oz / 1 cană bulion de pui

Puneti puiul intr-o tava de copt si ungeti cu vin sau sherry si sare, apoi puneti ghimbirul si ceapa primavara in gaura. Așezați oala pe un grătar, acoperiți și fierbeți la abur peste apă clocotită timp de aproximativ 1 oră, până când este fiert. Serviți cald sau rece.

Pui la abur cu anason

pentru 4 persoane

250 ml / 8 fl oz / 1 cană sos de soia

250 ml / 8 fl oz / 1 cană apă

15 ml/1 lingură de zahăr brun

4 felii de anason stelat

1 pui

Se amestecă boabele de soia, apa, zahărul și anasonul într-o tigaie și se aduce la fierbere la foc mic. Puneți puiul într-un castron și acoperiți bine amestecul în interior și în exterior. Reîncălziți amestecul și repetați. Pune puiul într-o tavă de copt. Așezați oala pe un grătar, acoperiți și fierbeți la abur peste apă clocotită timp de aproximativ 1 oră, până când este fiert.

pui cu gust ciudat

pentru 4 persoane

1 pui

5 ml/1 lingurita ghimbir tocat marunt

5 ml/1 lingurita usturoi tocat marunt

45 ml / 3 linguri sos de soia gros

5 ml/1 lingurita de zahar

2,5 ml / ½ linguriță de oțet

10 ml / 2 linguri sos de susan

5 ml / 1 lingurita piper proaspat macinat

10 ml / 2 lingurițe ulei de chili

½ salata verde, tocata

15 ml/1 lingura coriandru proaspat tocat

Puneti puiul intr-o tigaie si umpleti cu apa pana ajunge la jumatatea pulpelor de pui. Aduceți la fierbere, acoperiți și fierbeți timp de aproximativ 1 oră până când puiul este fraged. Scoateți din tigaie, scurgeți, apoi scufundați în apă cu gheață până când carnea se răcește complet. Se scurge bine si se taie bucati de 2/5 cm. Se amestecă toate celelalte ingrediente și se toarnă peste pui. Se serveste ornat cu salata si coriandru.

Bucăți crocante de pui

pentru 4 persoane
100 g/4 oz făină universală
vârf de cuțit de sare
15 ml/1 lingura de apa
1 ou
350 g / 12 oz pui gătit tăiat cubulețe
Se prăjește în ulei

Amestecați făina, sarea, apa și oul până obțineți un aluat suficient de tare, adăugând puțină apă dacă este necesar. Înmuiați bucățile de pui în aluat până când sunt bine acoperite. Încinge uleiul foarte fierbinte și prăjește pieptul de pui în câteva minute până devine crocant și auriu.

Pui cu fasole verde

pentru 4 persoane

45 ml / 3 linguri ulei de arahide

450 g / 1 lb pui fiert, tocat

5 ml/1 lingurita de sare

2,5 ml / ½ linguriță piper proaspăt măcinat

225 g fasole verde, tăiată în bucăți

1 baton de telina, taiat in diagonala

225 g ciuperci, feliate

250 ml / 8 fl oz / 1 cană bulion de pui

30 ml / 2 linguri făină de porumb (amidon de porumb)

60 ml / 4 linguri de apă

10 ml/2 linguri de sos de soia

Se incinge uleiul, se prajeste pieptul de pui, se adauga sare si piper pana capata putina culoare. Adăugați fasolea, țelina și ciupercile și amestecați bine. Adăugați supa, aduceți la fierbere, acoperiți și fierbeți timp de 15 minute. Amestecați făina de porumb, apa și boabele de soia până la o pastă, amestecați-o în tigaie și gătiți, amestecând, până când sosul se limpezește și se îngroașă.

Pui fiert cu ananas

pentru 4 persoane

45 ml / 3 linguri ulei de arahide
225 g pui fiert tăiat cubulețe
sare si piper proaspat macinat
2 tulpini de țelină, tăiate în diagonală
3 felii de ananas, taiate cubulete
120 ml / 4 fl oz / ½ cană bulion de pui
15 ml/1 lingura sos de soia
10 ml / 2 linguri faina de porumb (amidon de porumb)
30 ml / 2 linguri de apă

Încinge uleiul și prăjește puiul până devine maro. Se condimentează cu sare și piper, se adaugă țelina și se prăjește 2 minute. Adăugați ananasul, bulionul și soia și amestecați timp de câteva minute până se încălzește. Amestecați făina de porumb și apa până la o pastă, amestecați-o în tigaie și gătiți, amestecând, până când sosul se limpezește și se îngroașă.

Pui cu ardei si rosii

pentru 4 persoane

45 ml / 3 linguri ulei de arahide
450 g / 1 lb pui fiert, feliat
10 ml/2 lingurițe de sare
5 ml / 1 lingurita piper proaspat macinat
1 ardei verde taiat bucati
4 roșii mari, decojite și tăiate felii
250 ml / 8 fl oz / 1 cană bulion de pui
30 ml / 2 linguri făină de porumb (amidon de porumb)
15 ml/1 lingura sos de soia
120 ml / ½ cană de apă

Se incinge uleiul si se prajeste puiul, asezonat cu sare si piper, pana se rumeneste. Adăugați ardeii și roșiile. Se toarnă bulionul, se aduce la fierbere, se acoperă și se fierbe timp de 15 minute. Amestecați făina de porumb, soia și apa până la o pastă, adăugați-o în tigaie și gătiți, amestecând, până când sosul se limpezește și se îngroașă.

susan de pui

pentru 4 persoane

450 g pui fiert tăiat fâșii
2 felii de ghimbir tocat marunt
1 ceapă primăvară (ceapă), tocată mărunt
sare si piper proaspat macinat
60 ml / 4 linguri vin de orez sau sherry uscat
60 ml / 4 linguri ulei de susan
10 ml / 2 lingurițe de zahăr
5 ml/1 lingurita de otet
150 ml sos de soia generos

Asezati puiul pe o farfurie si presarati ghimbir, ceapa primavara, sare si piper. Amestecați vinul sau sherry, uleiul de susan, zahărul, oțetul și soia. Se toarnă peste pui.

cocoș fript

pentru 4 persoane

2 năut, tăiat la jumătate

45 ml / 3 linguri de sos de soia

45 ml / 3 linguri vin de orez sau sherry uscat

120 ml / 4 fl oz / ½ cană ulei de arahide

1 ceapă primăvară (ceapă), tocată mărunt

30 ml / 2 linguri supă de pui

10 ml / 2 lingurițe de zahăr

5 ml/1 lingurita ulei de chili

5 ml/1 linguriță de pastă de usturoi

sare piper

Puneți năutul într-un castron. Amestecați sosul de soia și vinul sau sherry, turnați peste carnea de porc, acoperiți și marinați timp de 2 ore, ungeți des. Încinge uleiul și prăjește puii pentru aproximativ 20 de minute, până se înmoaie. Scoateți-le din tigaie și încălziți din nou uleiul. Pune-le înapoi în tigaie și prăjești până se rumenesc. Scurgeți cea mai mare parte din ulei. Amestecați celelalte ingrediente, puneți-le în tigaie și încălziți-le rapid. Se toarnă peste cocoși înainte de a servi.

Turcia cu Mangetout

pentru 4 persoane

60 ml / 4 linguri ulei de arahide
2 cepe primare (ceapa), tocate marunt
2 catei de usturoi, tocati
1 felie de ghimbir, tocata fin
225 g piept de curcan taiat fasii
225 g / 8 oz mazăre despicată
100 g muguri de bambus, tăiați în fâșii
50 g castane de apă tăiate fâșii
45 ml / 3 linguri de sos de soia
15 ml/1 lingura de vin de orez sau sherry uscat
5 ml/1 lingurita de zahar
5 ml/1 lingurita de sare
15 ml / 1 lingură făină de porumb (amidon de porumb)

Se încălzește 45 ml/3 linguri de ulei și se prăjește ceapa primăvară, usturoiul și ghimbirul până când palidează. Se adauga curcanul si se prajeste 5 minute. Scoateți din tavă și lăsați deoparte. Încinge uleiul rămas și prăjește în el mazărea de zahăr, lăstarii de bambus și castanele de apă timp de 3 minute. Adăugați sosul de soia, vinul sau sherry, zahărul și sarea și întoarceți curcanul în tigaie. Se fierbe 1 minut. Amestecați făina de porumb cu puțină apă, amestecați-o în tigaie și gătiți, amestecând, până când sosul se limpezește și se îngroașă.

Boia de curcan

pentru 4 persoane

4 ciuperci chinezești uscate

30 ml / 2 linguri ulei de arahide

1 bok choy, tăiat fâșii

350 g curcan afumat taiat fasii

1 ceapa tocata marunt

1 ardei rosu taiat fasii

1 ardei verde taiat fasii

120 ml / 4 fl oz / ½ cană bulion de pui

30 ml / 2 linguri pasta de tomate (paste)

45 ml / 3 linguri de otet

30 ml/2 linguri de sos de soia

15 ml/1 lingura sos hoisin

10 ml / 2 lingurițe de făină de porumb (amidon de porumb)

câteva picături de ulei de chili

Înmuiați ciupercile în apă caldă timp de 30 de minute, apoi filtrați. Aruncați tulpinile și tăiați vârfurile în fâșii. Se încălzește jumătate din ulei și se prăjește varza pentru aproximativ 5 minute sau până se înmoaie. Scoateți din tigaie.

Adăugați curcanul și prăjiți timp de 1 minut. Adăugați legumele și prăjiți timp de 3 minute. Se amestecă bulionul cu pasta de roșii, oțetul și sosurile, apoi se adaugă în tigaie împreună cu varza. Amestecați amidonul de porumb cu puțină apă, adăugați-l în oală și aduceți-l la fiert, amestecând. Stropiți cu ulei de chili și gătiți timp de 2 minute, amestecând continuu.

Curcan la grătar chinezesc

Servit de la 8 la 10

1 curcan mic

600 ml / 1 pt / 2½ căni apă fierbinte

10 ml / 2 linguri ienibahar

500 ml / 16 fl oz / 2 căni de sos de soia

5 ml/1 lingurita ulei de susan

10 ml/2 lingurițe de sare

45 ml / 3 linguri de unt

Puneti curcanul in tigaie si acoperiti cu apa fierbinte. Adăugați restul ingredientelor, cu excepția untului, și lăsați să se odihnească 1 oră, amestecând de câteva ori. Scoateți curcanul din lichid și ungeți cu unt. Se aseaza pe o tava tapetata cu hartie de copt, se acopera usor cu un prosop de hartie si se coace in cuptorul preincalzit la 160°C/325°F/gaz 3 pentru aprox. Coaceți timp de 4 ore, stropind din când în când cu sos de soia lichid. Scoateți folia și lăsați pielea să se croască în ultimele 30 de minute de gătit.

Curcan cu nuci si ciuperci

pentru 4 persoane

450 g / 1 kg file de piept de curcan

sare piper

Suc de 1 portocală

15 ml / 1 lingură de făină universală

12 nuci negre murate în suc

5 ml / 1 lingurita faina de porumb (amidon de porumb)

15 ml/1 lingură ulei de arahide

2 cepe primare (ceapa), taiate cubulete

Ciuperci 225g / 8oz

45 ml / 3 linguri vin de orez sau sherry uscat

10 ml/2 linguri de sos de soia

50 g / 2 oz / ½ cană unt

25 g / 1 oz de nuci de pin

Tăiați curcanul în felii groase de 1 cm/½. Stropiți cu sare, piper și suc de portocale și stropiți cu făină. Scurgeți și tăiați nucile în jumătate, rezervați lichidul și amestecați lichidul cu amidonul de porumb. Se încălzește uleiul și se prăjește curcanul până se rumenește. Adăugați ceapa primăvară și ciupercile și prăjiți timp de 2 minute. Adăugați vin sau sherry și soia și fierbeți timp de 30 de secunde. Adăugați nucile în făina de porumb, apoi aruncați-o în tigaie și aduceți-o la fiert. Adăugați încet untul, dar nu lăsați să fiarbă. Prăjiți nucile de pin într-o tigaie uscată până se rumenesc. Se toarnă amestecul de curcan pe o farfurie caldă și se servește ornat cu nuci de pin.

Rață cu muguri de bambus

pentru 4 persoane

6 ciuperci chinezești uscate

1 rata

50 g sunca afumata taiata fasii

100 g muguri de bambus, tăiați în fâșii

2 cepe primare (ceapa), taiate fasii

2 felii de rădăcină de ghimbir tăiate fâșii

5 ml/1 lingurita de sare

Înmuiați ciupercile în apă caldă timp de 30 de minute, apoi filtrați. Aruncați tulpinile și tăiați vârfurile în fâșii. Pune toate ingredientele într-un bol termorezistent și pune-l într-o oală plină pe două treimi cu apă. Se aduce la fierbere, se acoperă și se fierbe timp de aproximativ 2 ore până când rața este fragedă, adăugând apă clocotită dacă este necesar.

Rață cu muguri de fasole

pentru 4 persoane
225 g / 8 oz muguri de fasole
45 ml / 3 linguri ulei de arahide
450 g / 1 lb de carne de rață fiartă
15 ml/1 lingura sos de stridii
15 ml/1 lingura de vin de orez sau sherry uscat
30 ml / 2 linguri de apă
2,5 ml / ½ linguriță de sare

Se albesc mugurii de fasole în apă clocotită timp de 2 minute, apoi se strecoară. Încinge uleiul și prăjește mugurii de fasole timp de 30 de secunde. Adăugați rața, fierbeți până se încălzește. Adăugați restul ingredientelor și prăjiți timp de 2 minute pentru a combina aromele. Serviți imediat.

friptură de rață

pentru 4 persoane

4 ceapa primavara (ceapa), tocata marunt

1 felie de ghimbir, tocata fin

120 ml / 4 fl oz / ½ cană sos de soia

30 ml / 2 linguri vin de orez sau sherry uscat

1 rata

120 ml / 4 fl oz / ½ cană ulei de arahide

600 ml / 1 pt / 2½ căni de apă

15 ml/1 lingură de zahăr brun

Amestecați ceapa, ghimbirul, boabele de soia și vinul sau sherry și frecați peste rața. Încinge uleiul și prăjește rața până se rumenește ușor pe toate părțile. Scurgeți uleiul. Adăugați apa și amestecul de sos de soia rămas, aduceți la fierbere, acoperiți și fierbeți timp de 1 oră. Adăugați zahărul, acoperiți și fierbeți încă 40 de minute până când rața este fragedă.

Rață înăbușită cu țelină

pentru 4 persoane

350 g rață fiartă, feliată

1 cap de telina

250 ml / 8 fl oz / 1 cană bulion de pui

2,5 ml / ½ linguriță de sare

5 ml/1 lingurita ulei de susan

1 roșie, feliată

Pune rața pe un grătar. Tăiați țelina în bucăți de 3/7,5 cm și puneți-o într-o cratiță. Se toarnă peste bulion, se adaugă sare și se așează cuptorul cu abur pe tigaie. Aduceți bulionul la fiert și gătiți aproximativ 15 minute, până când țelina este fragedă și rața este încălzită. Asezati rata si telina pe o farfurie preincalzita, stropiti telina cu ulei de susan si serviti garnisita cu rondele de rosii.

Rață de ghimbir

pentru 4 persoane

350 g piept de rata, feliat subtire

1 ou, batut usor

5 ml/1 lingurita sos de soia

5 ml / 1 lingurita faina de porumb (amidon de porumb)

5 ml/1 lingurita ulei de arahide

Se prăjește în ulei

50 g/2 oz muguri de bambus

50 g mazăre de zăpadă (mazăre)

2 felii de ghimbir, tocate

15 ml/1 lingura de apa

2,5 ml / ½ linguriță de zahăr

2,5 ml/½ linguriță vin de orez sau sherry uscat

2,5 ml / ½ linguriță ulei de susan

Se amestecă rața cu ou, soia, amidon de porumb și ulei și se lasă să stea 10 minute. Încinge uleiul și prăjește rața și lăstarii de bambus până se rumenesc. Scoateți din tigaie și scurgeți bine. Se toarnă în tigaie aproape 15 ml/1 lingură de ulei și se prăjește rața, lăstarii de bambus, mazărea de zăpadă, ghimbirul, apă, zahărul și vinul sau sherry timp de 2 minute. Se serveste stropita cu ulei de susan.

Rață cu fasole verde

pentru 4 persoane

1 rata

60 ml / 4 linguri ulei de arahide

2 catei de usturoi, tocati

2,5 ml / ½ linguriță de sare

1 ceapa tocata marunt

15 ml / 1 lingură rădăcină de ghimbir rasă

45 ml / 3 linguri de sos de soia

120 ml / 4 fl oz / ½ cană vin de orez sau sherry uscat

60 ml / 4 linguri sos de rosii (ketchup)

45 ml / 3 linguri de otet

300 ml / ½ pt / 1¼ cani supa de pui

450 g / 1 kg fasole verde, feliată

praf de vin proaspat macinat

5 picături de ulei de chili

15 ml / 1 lingură făină de porumb (amidon de porumb)

30 ml / 2 linguri de apă

Tăiați rața în 8 sau 10 bucăți. Se încălzește uleiul și se prăjește rata până se rumenește. Transferați într-un castron. Adăugați usturoi, sare, ceapă, ghimbir, sos de soia, vin sau sherry, sos de roșii și oțet. Amestecați, acoperiți și marinați la frigider timp de 3 ore.

Se încălzește din nou uleiul, se adaugă rața, bulionul și marinata, se aduce la fierbere, se acoperă și se fierbe timp de 1 oră. Adăugați fasolea, acoperiți și fierbeți timp de 15 minute. Adăugați piper și ulei de chili. Amestecați făina de porumb cu apa, amestecați-o în tigaie și gătiți, amestecând, până se îngroașă sosul.

rață friptă la abur

pentru 4 persoane

1 rata

sare si piper proaspat macinat

Se prăjește în ulei

Sos Hoisin

Condimentează rața cu sare și piper, apoi pune-o într-un bol termorezistent. Puneti cratita plina pe doua treimi cu apa, aduceti la fierbere, acoperiti si fierbeti aproximativ 1 1/2 ore pana ce rata se inmoaie. Se scurge si se lasa sa se raceasca.

Se încălzește uleiul și se prăjește rata până devine crocantă și aurie. Scoateți și scurgeți bine. Tăiați în bucăți mici și serviți cu sos Hoisin.

Rață cu fructe exotice

pentru 4 persoane

4 fileuri de piept de rata taiate fasii
2,5 ml / 1/2 linguriță pudră cu cinci condimente
30 ml/2 linguri de sos de soia
15 ml/1 lingura ulei de susan
15 ml/1 lingură ulei de arahide
3 tulpini de țelină, tăiate cubulețe
2 felii de ananas, taiate cubulete
100 g de pepene galben tăiat cubulețe
100 g / 4 oz lychees, tăiate la jumătate
130 ml / 4 fl oz / ½ cană bulion de pui
30 ml / 2 linguri pasta de tomate (paste)
30 ml / 2 linguri sos hoisin
10 ml / 2 lingurițe de oțet
zahăr pudră brun

Pune rata într-un castron. Se amestecă pudra de cinci condimente, sosul de soia și uleiul de susan, se toarnă peste rață și se lasă la marinat timp de 2 ore, amestecând din când în când. Încinge uleiul și prăjește rața timp de 8 minute. Scoateți din tigaie. Se adaugă țelina și fructele și se călesc timp de 5 minute. Rața se pune înapoi în tigaie cu celelalte ingrediente, se aduce la fierbere și se fierbe timp de 2 minute, amestecând înainte de servire.

Rață la abur cu frunze chinezești

pentru 4 persoane

1 rata

30 ml / 2 linguri vin de orez sau sherry uscat

30 ml / 2 linguri sos hoisin

15 ml / 1 lingură făină de porumb (amidon de porumb)

5 ml/1 lingurita de sare

5 ml/1 lingurita de zahar

60 ml / 4 linguri ulei de arahide

4 ceapa primavara (ceapa), tocata marunt

2 catei de usturoi, tocati

1 felie de ghimbir, tocata fin

75 ml / 5 linguri de sos de soia

600 ml / 1 pt / 2½ căni de apă

225 g frunze chinezești, rupte

Tăiați rața în aproximativ 6 bucăți. Se amestecă vinul sau sherry, sosul hoisin, amidonul de porumb, sare și zahăr și coaja de rață. Se lasa sa stea 1 ora. Încinge uleiul și prăjește ceapa primăvară, usturoiul și ghimbirul pentru câteva secunde. Se adaugă rața și se prăjește până când maro deschis pe toate părțile. Scurgeți excesul de grăsime. Se toarnă boabele de soia și apa, se aduce la fierbere, se acoperă și se fierbe timp de aproximativ 30 de minute. Adăugați frunzele chinezești, acoperiți din nou și fierbeți încă 30 de minute, până când rața este fragedă.

rață beată

pentru 4 persoane

2 cepe primare (ceapa), tocate marunt
2 catei de usturoi tocati
1,5 litri / 2½ puncte / 6 căni de apă
1 rata
450 ml / ¾ pt / 2 cani de vin de orez sau sherry uscat

Puneți ceapa, usturoiul și apa într-o cratiță mare și aduceți la fierbere. Adăugați rața, aduceți la fierbere, acoperiți și fierbeți timp de 45 de minute. Scurgeți bine, păstrând lichidul pentru supă. Lăsați rața să se răcească, apoi dați la frigider peste noapte. Tăiați rața în bucăți și puneți-o într-un borcan mare cu capac cu filet. Acoperiți cu vin sau sherry și lăsați la frigider aproximativ 1 săptămână înainte de a decanta și de a servi rece.

cinci rațe asezonate

pentru 4 persoane

150 ml / ¼ pt / ½ cană generos de vin de orez sau sherry uscat

150 ml sos de soia generos

1 rata

10 ml / 2 lingurițe pudră cu cinci condimente

Aduceți vinul sau sherry și sosul de soia la fiert. Adăugați rața și gătiți la foc mic, amestecând, timp de aproximativ 5 minute. Scoateți rata din tigaie și frecați pulberea cu cinci condimente în piele. Întoarceți pasărea în tigaie și adăugați suficientă apă pentru a acoperi pe jumătate rața. Aduceți la fierbere, acoperiți și fierbeți aproximativ 1 1/2 oră până când rața este fragedă, întorcându-se des. Tăiați rața în bucăți de 5/2 cm și serviți caldă sau rece.

Friptură de rață cu ghimbir

pentru 4 persoane

1 rata

2 felii de ghimbir, ras

2 cepe primare (ceapa), tocate marunt

15 ml / 1 lingură făină de porumb (amidon de porumb)

30 ml/2 linguri de sos de soia

30 ml / 2 linguri vin de orez sau sherry uscat

2,5 ml / ½ linguriță de sare

45 ml / 3 linguri ulei de arahide

Scoateți carnea de pe oase și tăiați-o cubulețe. Amestecați carnea cu toate celelalte ingrediente, cu excepția uleiului. Se lasa sa stea 1 ora. Se încălzește uleiul și se prăjește rața cu marinada pentru aproximativ 15 minute, până când rața este moale.

Rață cu șuncă și praz

pentru 4 persoane

1 rata

450 g / 1 kg sunca afumata

2 praz

2 felii de ghimbir, tocate

45 ml / 3 linguri vin de orez sau sherry uscat

45 ml / 3 linguri de sos de soia

2,5 ml / ½ linguriță de sare

Puneți rata într-o tigaie și acoperiți doar cu apă rece. Aduceți la fierbere, acoperiți și fierbeți timp de aproximativ 20 de minute. Scurgeți și puneți deoparte 450 ml / ¾ punct / 2 căni bulion. Lasam rata sa se raceasca putin, apoi scoatem carnea de pe oase si o taiem in patrate de 5 cm. Tăiați șunca în bucăți similare. Tăiați prazul în bucăți lungi, înfășurați o felie de rață și șuncă în frunză și legați-o cu sfoară. Puneți într-un vas termorezistent. Adăugați ghimbirul, vinul sau sherry, sosul de soia și sarea în bulionul rezervat și turnați peste rulourile de rață. Puneți oala într-o tigaie plină cu apă până când ajunge la două treimi din marginea oalei. fierbe

rață friptă cu miere

pentru 4 persoane

1 rata

sare

3 catei de usturoi, tocati

3 ceapa primavara (ceapa), tocata marunt

45 ml / 3 linguri de sos de soia

45 ml / 3 linguri vin de orez sau sherry uscat

45 ml / 3 linguri de miere

200 ml / 7 fl oz / puțin sub 1 cană apă clocotită

Uscați rața și frecați sare pe dinăuntru și pe dinafară. Amestecați usturoiul, ceaiul verde, sosul de soia și vinul sau sherry, apoi împărțiți în jumătate. Amestecați mierea în mijloc și frecați-o în rață, apoi lăsați-o să se usuce. Adăugați apă la amestecul de miere rămas. Se toarnă amestecul de soia în cavitatea de rață și se pune pe un grătar într-o tigaie cu puțină apă în fund. in cuptorul preincalzit la 180°C, in pasul 4 aprox. Coaceți timp de 2 ore până când rața este fragedă și ungeți cu amestecul de miere rămas în timpul gătirii.

rață friptă umedă

pentru 4 persoane

6 ceapa primavara (ceapa), tocata marunt

2 felii de ghimbir, tocate

1 rata

2,5 ml / ½ linguriță de anason măcinat

15 ml/1 lingura de zahar

45 ml / 3 linguri vin de orez sau sherry uscat

60 ml/4 linguri de sos de soia

250 ml / 8 fl oz / 1 cană apă

Pune jumătate din ceapă și ghimbir într-o tigaie mare, cu fundul greu. Puneți restul în cavitatea de rață și puneți-l în tigaie. Adăugați toate celelalte ingrediente, cu excepția sosului hoisin, aduceți la fierbere, acoperiți și fierbeți timp de aproximativ 1 1/2 oră, amestecând din când în când. Scoateți rata din tigaie și lăsați-o să se usuce aproximativ 4 ore.

Pune rața pe un grătar într-o tigaie umplută cu puțină apă rece. Coaceți în cuptorul preîncălzit la 230°C/450°F/gaz 8 timp de 15 minute, apoi întoarceți și coaceți încă 10 minute până devine crocant. Între timp, încălziți lichidul rezervat și turnați-l peste rață pentru a servi.

Friptură de rață cu ciuperci

pentru 4 persoane

1 rata

75 ml/5 linguri ulei de arahide

45 ml / 3 linguri vin de orez sau sherry uscat

15 ml/1 lingura sos de soia

15 ml/1 lingura de zahar

5 ml/1 lingurita de sare

Pudră de boia

2 catei de usturoi, tocati

225 g de ciuperci tăiate în jumătate

600 ml / 1 buc / 2½ dl supă de pui

15 ml / 1 lingură făină de porumb (amidon de porumb)

30 ml / 2 linguri de apă

5 ml/1 lingurita ulei de susan

Tăiați rața în 5 cm / 2 bucăți. Încinge 45 ml/3 linguri de ulei și prăjește rața până se rumenește ușor pe toate părțile. Adăugați vin sau sherry, soia, zahăr, sare și piper și căliți timp de 4 minute. Scoateți din tigaie. Se încălzește uleiul rămas și se prăjește usturoiul până capătă puțină culoare. Adăugați ciupercile și amestecați până când uleiul s-a evaporat, apoi puneți amestecul de rață înapoi în tigaie și adăugați bulionul. Aduceți la fierbere, acoperiți și fierbeți aproximativ 1 oră până când rața este fragedă. Amestecați făina de porumb și apa până devine o pastă, apoi adăugați-o la amestec și gătiți, amestecând, până când sosul se îngroașă. Stropiți cu ulei de susan și serviți.

Rață cu două ciuperci

pentru 4 persoane

6 ciuperci chinezești uscate

1 rata

750 ml / 1 ¼ buc / 3 dl supă de pui

45 ml / 3 linguri vin de orez sau sherry uscat

5 ml/1 lingurita de sare

100 g muguri de bambus, tăiați în fâșii

100 g/4 oz ciuperci

Înmuiați ciupercile în apă caldă timp de 30 de minute, apoi filtrați. Aruncați tulpinile și tăiați vârfurile în jumătate. Puneți rața într-un castron mare termorezistent cu bulion, vin sau sherry și sare, apoi puneți într-o strecurătoare umplută la două treimi cu apă. Aduceți la fierbere, acoperiți și fierbeți timp de aproximativ 2 ore până când rața este fragedă. Scoateți din tigaie și tăiați carnea de pe os. Turnați lichidul de gătit într-o tigaie separată. Așezați lăstarii de bambus și ambele tipuri de ciuperci în fundul vaporizatorului, puneți carnea de rață la locul ei, acoperiți și fierbeți încă 30 de minute. Aduceți lichidul de gătit la fierbere și turnați peste rață pentru a servi.

Rață cu ceapă prăjită

pentru 4 persoane

4 ciuperci chinezești uscate

1 rata

90 ml / 6 linguri de sos de soia

60 ml / 4 linguri ulei de arahide

1 ceapă primăvară (ceapă), tocată mărunt

1 felie de ghimbir, tocata fin

45 ml / 3 linguri vin de orez sau sherry uscat

450 g / 1 lb ceapă, feliată

100g/4oz muguri de bambus, feliați

15 ml/1 lingură de zahăr brun

15 ml / 1 lingură făină de porumb (amidon de porumb)

45 ml / 3 linguri de apă

Înmuiați ciupercile în apă caldă timp de 30 de minute, apoi filtrați. Aruncați tulpinile și tăiați vârfurile. Ungeți rata cu 15 ml/1 lingură sos de soia. Pune deoparte 15 ml/1 lingura de ulei, incinge uleiul ramas si prajeste ceapa primavara si ghimbirul pana se coloreaza usor. Se adaugă rața și se prăjește până când maro deschis pe toate părțile. Îndepărtează excesul de grăsime. Adauga vinul sau sherry, sosul de soia ramas din tigaie si apa cat sa acopere aproape rata. Aduceți la fierbere, acoperiți și fierbeți timp de 1 oră, întorcându-le din când în când.

Încinge uleiul rezervat și căliți ceapa până se înmoaie. Se ia de pe foc, se adaugă lăstarii de bambus și ciupercile, apoi se adaugă rața, se acoperă și se mai fierbe încă 30 de minute până când rața este fragedă. Scoateți rața din tigaie, tăiați-o bucăți și puneți-o pe o plită încinsă. Aduceți lichidele la fiert în oală, adăugați zahărul și amidonul de porumb și gătiți, amestecând, până când amestecul fierbe și se îngroașă. Se toarnă peste rață pentru a servi.

Rață în sos de portocale

pentru 4 persoane

1 rata
3 cepe mici (ceapa), tocate marunt
2 felii de rădăcină de ghimbir tăiate fâșii
1 felie de coajă de portocală
sare si piper proaspat macinat

Puneți rata într-o oală mare, acoperiți cu apă și aduceți la fierbere. Adăugați ceapa, ghimbirul și coaja de portocală, acoperiți și fierbeți timp de aproximativ 1,5 ore până când rața este fragedă. Se condimentează cu sare și piper, se strecoară și se servește.

Prăjiți rața întreagă cu portocală

pentru 4 persoane

1 rata

2 catei de usturoi, taiati in jumatate

45 ml / 3 linguri ulei de arahide

1 ceapă

1 portocală

120 ml / 4 fl oz / ½ cană vin de orez sau sherry uscat

2 felii de ghimbir, tocate

5 ml/1 lingurita de sare

Frecați usturoiul peste rață din interior spre exterior, apoi ungeți-l cu ulei. Găsiți ceapa decojită cu o furculiță, puneți-o împreună cu portocala nedecojită în cavitatea de rața și închideți-o cu o frigărui. Așezați rața pe un grătar peste o tavă umplută cu puțină apă fierbinte și gătiți-l în cuptorul preîncălzit la 160°C/325°F/marca de gaz 3 aprox. Se coace 2 ore. Se toarnă lichidul și se întoarce rața în tigaie. Se toarnă peste vin sau sherry și se stropește cu ghimbir și sare. Se pune din nou la cuptor pentru încă 30 de minute. Aruncați ceapa și portocala și serviți rața tăiată cubulețe. Când serviți, turnați sucul din tigaie peste rață.

Rață cu pere și castane

pentru 4 persoane

225 g castane decojite

1 rata

45 ml / 3 linguri ulei de arahide

250 ml / 8 fl oz / 1 cană bulion de pui

45 ml / 3 linguri de sos de soia

15 ml/1 lingura de vin de orez sau sherry uscat

5 ml/1 lingurita de sare

1 felie de ghimbir, tocata fin

1 para mare, curatata de coaja si taiata in felii groase

15 ml/1 lingura de zahar

Se fierb castanele timp de 15 minute, apoi se scurg. Tăiați rața în bucăți de 5/2 cm, încălziți uleiul și prăjiți rața până se rumenește pe toate părțile. Scurgeți excesul de ulei, apoi adăugați bulionul, sosul de soia, vinul sau sherry, sarea și ghimbirul. Aduceți la fierbere, acoperiți și fierbeți timp de 25 de minute, amestecând din când în când. Adăugați castanele, acoperiți și fierbeți încă 15 minute. Stropiți perele cu zahăr, puneți-le în tigaie și fierbeți cca. Gatiti 5 minute pana se inmoaie.

Rață la Peking

pentru 6

1 rata

250 ml / 8 fl oz / 1 cană apă

120 ml / 4 fl oz / ½ cană miere

120 ml / 4 fl oz / ½ cană ulei de susan

Pentru clătite:

250 ml / 8 fl oz / 1 cană apă

225 g / 8 oz / 2 căni de făină universală

ulei de arahide pentru prajit

Pentru sosuri:

120 ml / 4 fl oz / ½ cană sos hoisin

30 ml / 2 linguri de zahăr brun

30 ml/2 linguri de sos de soia

5 ml/1 lingurita ulei de susan

6 cepe verde (ceapa), taiate pe lungime

1 castravete tăiat fâșii

Rața trebuie să fie întreagă, cu pielea intactă. Legați strâns gâtul cu sfoară și coaseți sau prindeți deschiderea inferioară. Tăiați o mică fante în partea laterală a gâtului, introduceți un pai și suflați aer sub piele până se umflă. Agățați rața peste chiuvetă și lăsați-o să stea timp de 1 oră.

Se fierbe o oala cu apa, se adauga rata si se fierbe 1 minut, apoi se scoate si se usuca bine. Fierbe apa si adauga miere. Frecați amestecul în pielea rației până se saturează. Agățați rața într-un recipient într-un loc răcoros și aerisit timp de aproximativ 8 ore până când pielea devine fermă.

Agățați rața sau puneți-o pe un grătar peste o tigaie și prăjiți-l într-un cuptor preîncălzit la 180°C/350°F/marcă de gaz 4 timp de aproximativ 1,5 ore, periând regulat cu ulei de susan.

Pentru a pregăti clătitele se fierbe apa, apoi se adaugă treptat făina. Se framanta cu grija pentru a obtine un aluat moale, se acopera cu o carpa umeda si se lasa sa se odihneasca 15 minute. Se intinde pe o tabla tapata cu faina si se modeleaza un cilindru lung. Tăiați în felii de 2,5 cm, aplatizați la aproximativ ¼/5 mm grosime și ungeți partea de sus cu ulei. Stivuiți-le în perechi, astfel încât suprafețele unse cu ulei să se atingă și presărați ușor exteriorul cu făină. Întindeți brioșa cca. 10 cm lățime și coaceți fiecare parte în perechi timp de aprox. 1 minut până când palidează. Se separă și se adună până la servire.

Pregătiți sosurile amestecând jumătate din sosul hoisin cu zahărul, iar restul sosului hoisin cu sosul de soia și uleiul de susan.

Scoatem rata din cuptor, scoatem pielea si taiem patrate si carnea cubulete. Se aseaza pe farfurii separate si se serveste cu clatite, dip si garnituri.

Rață înăbușită cu ananas

pentru 4 persoane

1 rata
400 g bucăți de ananas conservate în sirop
45 ml / 3 linguri de sos de soia
5 ml/1 lingurita de sare
praf de vin proaspat macinat

Pune rața într-o tigaie cu fundul gros, se acoperă cu suficientă apă, se aduce la fierbere, apoi se acoperă și se fierbe timp de 1 oră. Se toarnă siropul de ananas în tigaia cu sosul de soia, se condimentează cu sare și piper, se acoperă și se fierbe la foc mic încă 30 de minute. Adăugați bucățile de ananas și fierbeți încă 15 minute până când rața este fragedă.

Friptură de rață cu ananas

pentru 4 persoane

1 rata

45 ml / 3 linguri faina de porumb (amidon de porumb)

45 ml / 3 linguri de sos de soia

Cutie de 225 g / 8 oz în sirop de ananas

45 ml / 3 linguri ulei de arahide

2 felii de rădăcină de ghimbir tăiate fâșii

15 ml/1 lingura de vin de orez sau sherry uscat

5 ml/1 lingurita de sare

Tăiați carnea de pe os și tăiați-o cubulețe. Se amestecă sosul de soia cu 30 ml/2 linguri de ulei și se amestecă în rață până se îmbracă bine. Se lasa sa se odihneasca 1 ora, amestecand din cand in cand. Se face piure de ananas și siropul și se încălzește ușor într-o tigaie. Se amestecă făina de porumb rămasă cu puțină apă, se adaugă în tigaie și se fierbe, amestecând, până se îngroașă sosul. Păstrați-l cald. Se încălzește uleiul și se prăjește ghimbirul până se rumenește ușor, apoi se aruncă ghimbirul. Se adaugă rața și se prăjește până când maro deschis pe toate părțile. Adăugați vinul sau sherry și sare și mai soțiți câteva minute până când rața este fragedă. Pune rața pe o farfurie încălzită,

Ananas, ghimbir și ananas

pentru 4 persoane

1 rata

100 g de ghimbir în sirop

200 g bucăți de ananas conservate în sirop

5 ml/1 lingurita de sare

15 ml / 1 lingură făină de porumb (amidon de porumb)

30 ml / 2 linguri de apă

Pune rața într-un vas rezistent la cuptor și pune-o într-o oală plină cu apă până când ajunge la două treimi în sus de oală. Aduceți la fierbere, acoperiți și fierbeți timp de aproximativ 2 ore până când rața este fragedă. Scoateți rata și lăsați-o să se răcească puțin. Scoateți pielea și oasele și tăiați rața în bucăți. Se aseaza pe o farfurie si se tine la cald.

Turnați ghimbir și siropul de ananas într-o tigaie, adăugați sare, mălai și apă. Aduceți la fiert, amestecând, și gătiți, amestecând, timp de câteva minute, până când sosul se limpezește și se îngroașă. Adăugați ghimbirul și ananasul, amestecați și turnați peste rață pentru a servi.

Rață cu ananas și litchi

pentru 4 persoane

4 piept de rata

15 ml/1 lingura sos de soia

1 cuișoare de anason stelat

1 felie de rădăcină de ghimbir

ulei de arahide pentru prajit

90 ml / 6 linguri de otet

100 g / 4 oz / ½ cană zahăr brun

250 ml / 8 fl oz / ½ cană bulion de pui

15 ml / 1 lingura sos de rosii (ketchup)

200 g bucăți de ananas conservate în sirop

15 ml / 1 lingură făină de porumb (amidon de porumb)

6 cutii de litchi

6 cirese maraschino

Intr-o tigaie se pun ratele, soia, anasonul si ghimbirul si se acopera cu apa rece. Se aduce la fierbere, se degresează, apoi se acoperă și se fierbe timp de aproximativ 45 de minute până când rața este fragedă. Scurgeți și uscați. Se prăjește în ulei încins până devine crocant.

Între timp, combinați oțetul, zahărul, bulionul, sosul de roșii și 30 ml/2 linguri sirop de ananas într-o tigaie, aduceți la fiert și gătiți aproximativ 5 minute până se îngroașă. Adăugați fructele și încălziți înainte de a turna peste rață pentru a servi.

Rață cu porc și castane

pentru 4 persoane

6 ciuperci chinezești uscate
1 rata
225 g castane decojite
225 g/8 oz carne slabă de porc tăiată cubulețe
3 ceapa primavara (ceapa), tocata marunt
1 felie de ghimbir, tocata fin
250 ml / 8 fl oz / 1 cană sos de soia
900 ml / 1½ punct / 3¾ cani de apă

Înmuiați ciupercile în apă caldă timp de 30 de minute, apoi filtrați. Aruncați tulpinile și tăiați vârfurile. Puneți într-o cratiță mare cu toate celelalte ingrediente, aduceți la fierbere, acoperiți și fierbeți aproximativ 1 1/2 oră până când rața este gătită.

Rață cu cartofi

pentru 4 persoane

75 ml/5 linguri ulei de arahide

1 rata

3 catei de usturoi, tocati

30 ml / 2 linguri de sos de fasole neagra

10 ml/2 lingurițe de sare

1,2 l / 2 puncte / 5 căni de apă

2 praz, feliat gros

15 ml/1 lingura de zahar

45 ml / 3 linguri de sos de soia

60 ml / 4 linguri vin de orez sau sherry uscat

1 cuișoare de anason stelat

900 g de cartofi, feliați gros

½ cap frunză chinezească

15 ml / 1 lingură făină de porumb (amidon de porumb)

30 ml / 2 linguri de apă

crengute de patrunjel cu frunze plate

Se încălzesc 60 ml/4 linguri de ulei și se prăjește rața până se rumenește pe toate părțile. Legați sau coaseți capetele gâtului împreună și puneți gâtul de rață în jos într-un castron adânc. Se încălzește uleiul rămas și se prăjește usturoiul până capătă puțină culoare. Adăugați sosul de fasole neagră și sare și fierbeți timp de 1 minut. Adăugați apă, praz, zahăr, soia, vin sau sherry și anason stelat și aduceți la fiert. Turnați 120 ml / 8 fl oz / 1 cană de amestec în cavitatea rații și fixați sau coaseți. Aduceți restul amestecului la fierbere în tigaie. Se adaugă rața și cartofii, se acoperă și se fierbe timp de 40 de minute, întorcând rața o dată. Pune frunzele chinezești pe o farfurie. Scoateți rața din tigaie,

Rață fiartă roșie

pentru 4 persoane

1 rata

4 cepe mici (ceapa), tocate marunt

2 felii de rădăcină de ghimbir tăiate fâșii

90 ml / 6 linguri de sos de soia

45 ml / 3 linguri vin de orez sau sherry uscat

10 ml/2 lingurițe de sare

10 ml / 2 lingurițe de zahăr

Pune rata într-o tigaie groasă, toarnă apă peste ea și aduce la fierbere. Adăugați ceapa primăvară, ghimbirul, vinul sau sherry și sare, acoperiți și fierbeți timp de aproximativ 1 oră. Adăugați zahărul și fierbeți încă 45 de minute până când rața este fragedă. Se taie rața pe o farfurie și se servește caldă sau rece, cu sau fără sos.

Friptură de rață cu vin de orez

pentru 4 persoane

1 rata

500 ml / 14 fl oz / 1¾ cani de vin de orez sau sherry uscat

5 ml/1 lingurita de sare

45 ml / 3 linguri de sos de soia

Pune rața într-o tigaie grea cu sherry și sare, se aduce la fierbere, se acoperă și se fierbe timp de 20 de minute. Scurgeți rata, rezervând lichidul, și frecați cu sos de soia. Puneți pe un grătar într-o tavă umplută cu puțină apă fierbinte și coaceți în cuptorul preîncălzit la 180°C/350°F/marca de gaz 4 timp de cca. Timp de 1 oră, stropiți regulat cu lichidul de vin rezervat.

Rață înăbușită cu vin de orez

pentru 4 persoane

1 rata
4 ceainice (ghivece), tăiate în jumătate
1 felie de ghimbir, tocata fin
250 ml / 8 fl oz / 1 cană vin de orez sau sherry uscat
30 ml/2 linguri de sos de soia
vârf de cuțit de sare

Gatiti rata in apa clocotita timp de 5 minute, apoi scurgeti. Puneți într-un bol termorezistent împreună cu restul ingredientelor. Puneți oala într-o tigaie plină cu apă până când ajunge la două treimi din marginea oalei. Aduceți la fierbere, acoperiți și fierbeți timp de aproximativ 2 ore până când rața este fragedă. Scoateți ceapa și ghimbirul înainte de servire.

Rață sărată

pentru 4 persoane

45 ml / 3 linguri ulei de arahide

4 piept de rata

3 cepe primare (ceapa), taiate felii

2 catei de usturoi, tocati

1 felie de ghimbir, tocata fin

250 ml / 8 fl oz / 1 cană sos de soia

30 ml / 2 linguri vin de orez sau sherry uscat

30 ml / 2 linguri de zahăr brun

5 ml/1 lingurita de sare

450 ml / ¾ pt / 2 căni de apă

15 ml / 1 lingură făină de porumb (amidon de porumb)

Se încălzește uleiul și se prăjește pieptul de rață până se rumenește. Adăugați ceapa primăvară, usturoiul și ghimbirul și prăjiți timp de 2 minute. Adăugați sosul de soia, vinul sau sherry, zahărul și sarea și amestecați bine. Adăugați apa, aduceți la fiert, acoperiți și fierbeți aproximativ 1 1/2 ore până când carnea este foarte fragedă. Făina de porumb se amestecă cu puțină apă, apoi se aruncă în tigaie și se fierbe, amestecând, până se îngroașă sosul.

Rață sărată cu fasole verde

pentru 4 persoane

45 ml / 3 linguri ulei de arahide

4 piept de rata

3 cepe primare (ceapa), taiate felii

2 catei de usturoi, tocati

1 felie de ghimbir, tocata fin

250 ml / 8 fl oz / 1 cană sos de soia

30 ml / 2 linguri vin de orez sau sherry uscat

30 ml / 2 linguri de zahăr brun

5 ml/1 lingurita de sare

450 ml / ¾ pt / 2 căni de apă

225 g / 8 oz fasole verde

15 ml / 1 lingură făină de porumb (amidon de porumb)

Se încălzește uleiul și se prăjește pieptul de rață până se rumenește. Adăugați ceapa primăvară, usturoiul și ghimbirul și prăjiți timp de 2 minute. Adăugați sosul de soia, vinul sau sherry, zahărul și sarea și amestecați bine. Adăugați apa, aduceți la fiert, acoperiți și fierbeți timp de aproximativ 45 de minute. Adăugați fasolea, acoperiți și fierbeți încă 20 de minute. Făina de porumb se amestecă cu puțină apă, apoi se aruncă în tigaie și se fierbe, amestecând, până se îngroașă sosul.

Rață fiartă lent

pentru 4 persoane

1 rata

50 g / 2 oz / ½ cană făină de porumb (maizena)

Se prăjește în ulei

2 catei de usturoi, tocati

30 ml / 2 linguri vin de orez sau sherry uscat

30 ml/2 linguri de sos de soia

5 ml / 1 linguriță rădăcină de ghimbir rasă

750 ml / 1 ¼ buc / 3 dl supă de pui

4 ciuperci chinezești uscate

225 g / 8 oz muguri de bambus, feliați

225 g castane de apă, feliate

10 ml / 2 lingurițe de zahăr

Pudră de boia

5 ceapa primavara (ceapa), taiata felii

Tăiați rața în bucăți mici. Lăsați deoparte 30 ml/2 linguri de făină de porumb și acoperiți rața cu făina de porumb rămasă. Ștergeți excesul de praf. Încinge uleiul și călește usturoiul și rața până când începe să se coloreze. Scoateți din tavă și scurgeți-l pe un prosop de hârtie. Pune rața într-o tigaie mare.

Se amestecă vinul sau sherry, 15 ml/1 lingură sos de soia și ghimbirul. Se pune in tigaie si se fierbe la foc mare 2 minute. Adăugați jumătate din bulion, aduceți la fierbere, acoperiți și fierbeți timp de aproximativ 1 oră până când rața este fragedă.

Între timp, înmuiați ciupercile în apă caldă timp de 30 de minute, apoi filtrați. Aruncați tulpinile și tăiați vârfurile. Adăugați ciupercile, lăstarii de bambus și castanele de apă la rață și gătiți timp de 5 minute, amestecând des. Scoateți grăsimea din lichid. Se amestecă bulionul rămas, mălaiul și soia cu zahărul și piperul, apoi se amestecă în tigaie. Aduceți la fiert, amestecând, și gătiți aproximativ 5 minute până când sosul se îngroașă. Se pune intr-un bol caldut si se serveste cu ceai.

soția lui Duck

pentru 4 persoane

1 albus de ou, batut usor

20 ml / 1½ linguriță făină de porumb (maizena)

sare

450 g piept de rata, feliat subtire

45 ml / 3 linguri ulei de arahide

2 cepe primare (ceapa), taiate fasii

1 ardei verde taiat fasii

5 ml / 1 linguriță vin de orez sau sherry uscat

75 ml / 5 linguri supă de pui

2,5 ml / ½ linguriță de zahăr

Bate albusurile spuma cu 15 ml/1 lingura de amidon de porumb si un praf de sare. Adăugați rața feliată și amestecați până când rața este acoperită. Se încălzește uleiul și se prăjește rața până se rumenește. Scoateți rața din tigaie și scurgeți tot, cu excepția a 30 ml/2 linguri de ulei. Adăugați ceapa primăvară și boia și prăjiți timp de 3 minute. Adăugați vin sau sherry, bulion și zahăr și aduceți la fiert. Amestecați râsul de porumb rămas cu puțină apă, adăugați în sos și fierbeți, amestecând, până se îngroașă sosul. Adăugați rața, încălziți și serviți.

rață cu cartofi dulci

pentru 4 persoane

1 rata

250 ml / 8 fl oz / 1 cană ulei de arahide

225 g de cartofi dulci, curatati si taiati cubulete

2 catei de usturoi, tocati

1 felie de ghimbir, tocata fin

2,5 ml / ½ linguriță scorțișoară

2,5 ml / ½ linguriță cuișoare măcinate

un praf de anason macinat

5 ml/1 lingurita de zahar

15 ml/1 lingura sos de soia

250 ml / 8 fl oz / 1 cană bulion de pui

15 ml / 1 lingură făină de porumb (amidon de porumb)

30 ml / 2 linguri de apă

Tăiați rața în felii de 5 cm, încălziți uleiul și prăjiți cartofii aurii. Scoateți din tigaie și scurgeți tot, cu excepția a 30 ml/2 linguri de ulei. Adăugați usturoiul și ghimbirul și prăjiți timp de 30 de secunde. Se adaugă rața și se prăjește până când maro deschis pe toate părțile. Adăugați condimentele, zahărul, soia și bulionul, apoi aduceți la fierbere. Adăugați cartofii, acoperiți și fierbeți aproximativ 20 de minute, până când rața este fragedă. Amestecați făina de porumb cu apa până devine o pastă, apoi amestecați-o în tigaie și gătiți, amestecând, până când sosul se îngroașă.

rață dulce-acrișoară

pentru 4 persoane

1 rata

1,2 l / 2 puncte / 5 dl supa de pui

2 cepe

2 morcovi

2 catei de usturoi taiati felii

15 ml / 1 lingură de marinată

10 ml/2 lingurițe de sare

10 ml / 2 lingurițe ulei de arahide

6 ceapa primavara (ceapa), tocata marunt

1 mango, decojit și tăiat cubulețe

12 lychees tăiate în jumătate

15 ml / 1 lingură făină de porumb (amidon de porumb)

15 ml/1 lingura de otet

10 ml / 2 linguri pasta de tomate (paste)

15 ml/1 lingura sos de soia

5 ml/1 linguriță de pudră cu cinci condimente

300 ml / ½ pt / 1¼ cani supa de pui

Pune rața într-un cuptor cu aburi peste o tigaie care conține bulion, ceapă, morcov, usturoi, murături și sare. Acoperiți și fierbeți timp de 2 1/2 ore. Rata se raceste, se acopera si se da la frigider pentru 6 ore. Scoateți carnea de pe oase și tăiați-o cubulețe. Se încălzește uleiul și se prăjește rața și ceapa primăvară până devin crocante. Adăugați celelalte ingrediente, aduceți la fiert și gătiți, amestecând, timp de 2 minute până se îngroașă sosul.

rață mandarină

pentru 4 persoane

1 rata

60 ml / 4 linguri ulei de arahide

1 bucată de coajă de mandarină uscată

900 ml / 1½ punct / 3¾ cani supă de pui

5 ml/1 lingurita de sare

Atârnă rața la uscat timp de 2 ore. Se încălzește jumătate din ulei și se prăjește rata până se rumenește ușor. Transferați într-un castron mare rezistent la căldură. Se încălzește uleiul rămas și se prăjește coaja de mandarine timp de 2 minute, apoi se adaugă în rață. Se toarnă bulionul peste rață și se condimentează cu sare. Așezați vasul pe un grătar într-un cuptor cu abur, acoperiți și gătiți la abur aproximativ 2 ore, până când rața este fragedă.

Rață cu legume

pentru 4 persoane

1 rață mare, tăiată în 16 bucăți

sare

300 ml / ½ pt / 1¼ cană apă

300 ml / ½ pt / 1 ¼ cani de vin alb sec

120 ml / 4 fl oz / ½ cană oțet

45 ml / 3 linguri de sos de soia

30 ml/2 linguri de sos de prune

30 ml / 2 linguri sos hoisin

5 ml/1 linguriță de pudră cu cinci condimente

6 ceapa primavara (ceapa), tocata marunt

2 morcovi, tocați mărunt

5 cm / 2 ridichi albe tocate mărunt

50 g bok choy, tăiate cubulețe

piper proaspăt măcinat

5 ml/1 lingurita de zahar

Puneți bucățile de rață într-un bol, stropiți cu sare, adăugați apa și vinul. Adăugați oțetul, sosul de soia, sosul de prune, sosul hoisin și pudra cu cinci condimente, aduceți la fierbere, acoperiți și fierbeți timp de aproximativ 1 oră. Adăugați legumele în oală, scoateți capacul și gătiți încă 10 minute. Se condimenteaza cu sare, piper si zahar, apoi se lasa la racit. Acoperiți și lăsați la frigider peste noapte. Tăiați grăsimea, apoi încălziți rața în sos timp de 20 de minute.

Friptură de rață cu legume

pentru 4 persoane

4 ciuperci chinezești uscate

1 rata

10 ml / 2 lingurițe de făină de porumb (amidon de porumb)

15 ml/1 lingura sos de soia

45 ml / 3 linguri ulei de arahide

100 g muguri de bambus, tăiați în fâșii

50 g castane de apă tăiate fâșii

120 ml / 4 fl oz / ½ cană bulion de pui

15 ml/1 lingura de vin de orez sau sherry uscat

5 ml/1 lingurita de sare

Înmuiați ciupercile în apă caldă timp de 30 de minute, apoi filtrați. Aruncați tulpinile și vârfurile nucilor. Scoateți carnea de pe oase și tăiați-o cubulețe. Se amestecă porumbul și făina de soia, se adaugă carnea de rață și se lasă să stea 1 oră. Încinge uleiul și prăjește rața până se rumenește ușor pe toate părțile. Scoateți din tigaie. Adăugați în tigaie ciupercile, lăstarii de bambus și castanele de apă și prăjiți timp de 3 minute. Adăugați bulionul, vinul sau sherry și sare, aduceți la fiert și fierbeți timp de 3 minute. Rața se pune înapoi în tigaie, se acoperă și se gătește încă 10 minute până când rața este fragedă.

Rață fiartă albă

pentru 4 persoane

1 felie de ghimbir, tocata fin
250 ml / 8 fl oz / 1 cană vin de orez sau sherry uscat
sare si piper proaspat macinat
1 rata
3 ceapa primavara (ceapa), tocata marunt
5 ml/1 lingurita de sare
100g/4oz muguri de bambus, feliați
100 g sunca afumata, feliata

Se amestecă ghimbirul, 15 ml/1 lingură de vin sau sherry, puțină sare și piper. Frecați rata și lăsați-o să stea 1 oră. Puneți pasărea într-o tigaie grea cu marinada și adăugați ceapa primăvară și sare. Adăugați apă rece cât să acopere rața, aduceți la fierbere, acoperiți și fierbeți timp de aproximativ 2 ore până când rața este fragedă. Adăugați lăstarii de bambus și șunca și fierbeți încă 10 minute.

rață în vin

pentru 4 persoane

1 rata

15 ml/1 lingură de sos de fasole galbenă

1 ceapa tocata marunt

1 sticla de vin alb sec

Frecați rața în interior și în exterior cu sos de fasole galbenă. Pune ceapa în gaură. Se pune vinul la fiert într-o oală mare, se adaugă rața, se aduce la fierbere, se acoperă și se fierbe timp de aproximativ 3 ore până când rața este fragedă. Scurgeți și tăiați felii pentru a servi.

www.ingramcontent.com/pod-product-compliance
Lightning Source LLC
Chambersburg PA
CBHW070356120526
44590CB00014B/1156